Markus Alexander

Cristiano Ronaldo –
Der neue Fußballgott

Bilder: PH-Agency, AFP, Reuters

Herstellung: Books on Demand GmbH, Norderstedt

ISBN 978-3-942129-05-3

Markus Alexander

Cristiano Ronaldo – Der neue Fußballgott

Baltic Sea Press

Cristiano Ronaldo der Außergewöhnliche

Was macht Cristiano Ronaldo so besonders, dass er zum teuersten Spieler der Welt wurde? Als Fußballer ist der 1,86 Meter große Portugiese provozierend gut. Seine technischen Fähigkeiten suchen ihresgleichen. Gerne schlägt er Flanken und Pässe hinter dem eigenen Standbein. Der Ball klebt förmlich an seinen Füßen. Mehrfache Übersteiger (sein Markenzeichen) machen es dem Gegner schwer, dem Ball zu folgen. „Dosenöffner" nennen ihn seine Mitspieler, weil er mit seinen spektakulären, beidfüßigen Dribblings die gegnerischen Abwehrreihen so furchtlos seziert. Körpertäuschungen, Flanken aus vollem Lauf – manchmal scheint er über dem Rasen zu schweben. Niemand in der Welt umspielt den Gegner auf engem Raum so gut wie er. Er ist durch seine Beidfüßigkeit auf dem linken wie rechten Flügel einsetzbar und besticht durch Drang zum Tor sowie Schnelligkeit und Technik.

Was Cristiano Ronaldo aus der Masse von Fußballern heraushebt ist, dass er so viele Qualitäten in sich vereinigt. Andere sind robust, aber langsam. Andere sind schnell, aber nicht robust. Viele geniale Techniker sind nicht austrainiert genug. Anders bei Ronaldo. Zu seinen Stärken zählt insbesondere die Fähigkeit, seine enorme Schnelligkeit mit seinen technischen Fertigkeiten zu verbinden. Eine unendlich scheinende Vielzahl von Finten vollzieht er in höchstem Tempo. Seine überragende Antrittsschnelligkeit lässt die Verteidiger verzweifeln.

Dass er mit vollkommen aufrechter Körperhaltung über den Platz sprintet, verhilft Cristiano Ronaldo zu einer überdurchschnittlichen Spielübersicht. Desweiteren glänzt der Portugiese durch Schusskraft und Schusspräzision – dadurch ist er außerhalb des Strafraums nicht viel weniger gefährlich als direkt vor dem Tor. Ronaldo ist kein Stürmer, aber so torgefährlich wie fast kein anderer. Mittlerweile ist er auch mit einem guten Kopfballspiel (keineswegs selbstverständlich für einen Flügelspieler) ausgestattet. In der Offensive ist er flexibel als Rechtsaußen oder Linksaußen einsetzbar, ebenso wie im Sturmzentrum. Dies macht ihn nicht nur in den Statistiken enorm torgefährlich. Taktische Wechsel mit Teamkameraden vom jeweils anderen Flügel stiftet in der gegnerischen Abwehr Verwirrung.

Ronaldo ist auch deshalb so torgefährlich, weil er als Freistoßschütze überragend gut ist. Besonders gefürchtet sind seine Freistöße bei den gegnerischen Torhütern aufgrund ihres hohen Effets und der individuellen Flugkurve. Den größten Effekt erzielt er per Freistoß aus großer Entfernung, wenn er seine schwierige und in dieser Form sonst nur vom Brasilianer Juninho beherrschte Fußtechnik zeigt, mit frontalem Anlauf und Vollspann den Ball mit großer Wucht per Topspin über die Mauer zu jagen.

Cristiano Ronaldos Vorbild ist übrigens nicht sein brasilianischer Namensvetter Ronaldo, sondern Fußball-Ikone Diego Maradona.

Nicht nur der Fußballer Ronaldo ist eine Ausnahmeerscheinung. Legionen von Mädchen wollen ihn heiraten. Seine olivendunkle Haut lässt Frauen dahinschmelzen. Ronaldo macht gar keinen Hehl daraus, dass er sich gerne pflegt, die Haut cremt und bräunt, die Härchen zupft und die Frisur wie ein Bildhauer in Gel modelliert. Seine Augenbrauen sind perfekt getrimmt, und im Nacken hat er fein drapierte Löckchen. Lipgloss und Beinrasur gehören ebenfalls zum Schönheitsprogramm.

Bei der WM 2006 nahmen Beobachter verwundert zur Kenntnis, dass Ronaldo sich auf der Videoleinwand gern die Wiederholungen seiner Dribblings anschaute -

während das Spiel noch lief. Auch vor Freistößen bewundert er sich noch einmal in XXL auf der Stadion-Leinwand, und seine Mitspieler berichten von seinen ausgiebigen Sitzungen vor dem Kabinenspiegel. Auf eine Auslandsreise von Manchester United nahm er einen Koffer mit, der so überdimensional war, dass er es nicht durch die Abfertigung schaffte. „Sonst passen nicht alle Kosmetika rein", höhnte Mitspieler Edwin van der Sar.

Über die Eitelkeit des Fußballers Ronaldo, der sich vorstellen kann später einmal als Schauspieler zu arbeiten, wird oft gespöttelt. Zu Unrecht. Erstens steht Männern heute zu, was Frauen zusteht. Zweitens gehört fotogene Körperlichkeit zum modernen Athletenimage.

Fußball-Kollege David Beckham inspirierte die Welt mit glatt rasierter Brust und silber lackierten Nägeln vor ein paar Jahren sogar zu einem neuen Wort: Metrosexualität. Ein neuer Typ Mann, der sich jetzt an Stellen rasiert, die er früher noch nicht einmal gewaschen hat. Wie bei Beckham überstrahlt Ronaldos mediale Bedeutung allmählich das bloße Schaffen auf dem Rasen. Beide sind globale Werbestars, aufs Image erpicht, Pop-, Girlie- und Schwulenikonen, pfauenhaft, eitel, im ständigen Flirt mit der Kamera. Bei einer Internet-Abstimmung in England wurde er zur „ultimativen Schwulen-Ikone" gewählt.

Cristiano Ronaldo liebt Statussymbole. Einmal gönnte er sich ein Diamant-Modell der Schweizer Manufaktur „Franck Müller" für 70.000 Dollar, aber auch Stücke von „Cartier" oder „Rolex" gesellen sich in die Vitrine zu Creolen und Goldketten. Er bevorzugt von Kopf bis Fuß Mode und Accessoires weltbekannter italienischer Luxus-Labels. „Gucci", „Prada", „Dolce & Gabbana" und „Armani" dürfen bevorzugt den stets gebräunten Modellkörper umschmeicheln. Eine Ex-Freundin, das Nacktmodel Nereida Gallardo, enthüllte in einem Fernsehinterview, dass der Starkicker eine Vorliebe für ein besonders erotisches Stückchen Stoff besitze: ein Unterhöschen mit einem Elefantenrüssel.

Die Pose des Latino-Sexsymbols gefällt Cristiano Ronaldo, er kostet sie aus. Er gilt als Gesundheitsfanatiker, der seinen Körper gnadenlos trimmt. 3.500 Sit-ups macht er angeblich täglich, um seinen Waschbrettbauch in Form zu halten. Seinem Körper und seinem Latin-Lover-Image hat Ronaldo auch seinen Erfolg als Werbe-Ikone zu verdanken. Und das ist gut fürs Geschäft - etwa das mit seiner eigenen Modemarke „CR7", deren Name sich aus seinen Initialen und seiner bisherigen Trikotnummer bei Manchester United zusammensetzt.

Es gibt wohl kaum einen Fußballer, an dem sich die Geister so sehr scheiden wie an Cristiano Ronaldo. Wie David Beckham polarisiert Ronaldo die Fußballfans. Mal ist er in Tränen aufgelöst wie ein Kind, mal zeigt sich ein hochnäsiges Grinsen in seinem jungenhaften Gesicht. Einige beschimpfen ihn als neureichen Schönling aus ärmlichen Verhältnissen, als einen „Spiegelaffen". Er sei der beste Poser der Welt. Für einige Fans kann er niemals der beste Spieler sein, weil er kein Teamplayer ist. Er möchte am liebsten alles selber machen, damit er noch mehr Geld bekommt, lautet ein Vorwurf.

Von Kritikern wird Cristiano Ronaldo auch schon mal als Zirkuspferdchen bezeichnet (sein Klubkollege Ryan Giggs sagte dies), das schöne Kunststücke zeigt, aber nie vorwärts kommt, weil es sich ja immer nur im Kreis dreht. Das lässt auch seine Sturmkollegen verzweifeln, die oft vergebens auf den entscheidenden Pass vom Flügelflitzer warten. Manchmal scheint Ronaldo über dem Ballzauber auch selber das Tore schießen zu vergessen, er schindet Fouls und vergibt fahrlässig Elfmeter, wie im Finale der Champions League. Solche Aktionen sind Wasser auf die Mühlen derjenigen, die in Ronaldo den schnöseligen Schönspieler sehen, der die Genugtuung eines gelungenen Dribblings über den Mannschaftserfolg stellt.

Nicht selten wird der Dribbelkünstler als arrogant kritisiert. Sein ehemaliger Zimmerkollege aus dem Internat in Lissabon beschwerte sich später, dass Cristiano nicht einmal mehr seine Anrufe beantworte. Journalisten bezichtigen Ronaldo ganz besonders gern der Arroganz, weil er sich bei seinen seltenen Interviews mit ihnen betont gelangweilt und eher maulfaul gibt. Er kann es sich aber mit seinem Talent allemal leisten, arrogant zu sein.

Cristiano Ronaldo ist kein Faulpelz, sondern hat sein Leben ganz auf den Erfolg als Fußballprofi ausgerichtet. Was macht einer wie er in der Freizeit? Die Frage nach seiner „Lieblingsbeschäftigung“ beantwortete er mit „Situps“. Laut Ex-Freundin Nereida hat er neben dem Fußball nur drei Hobbies: Playstation, Fernsehen und Sex: „Essen, schlafen, Siesta, Pool, dann spielten wir Playstation.“ Wie die meisten Männer seines Alters. Im Sommer-Urlaub 2008 in Los Angeles hatte er in einer Woche angeblich Affären mit vier verschieden Frauen. Etwa 30 Frauen aus zahlreichen Ländern geben vor, Ronaldo durch mehr oder weniger kurze Lebensabschnitte begleitet zu haben, darunter der indische Bollywood-Star Bipasha Basu.

Und Musik? Manchesters exzellente Musikszene war nicht so seine Sache. Ronaldo selber sagt, er höre lieber, „was so im Radio läuft“. Für eine Schlagzeile in der englischen Presse sorgte Ronaldo nach seinem Wechsel zu Real Madrid, als er Noel Gallagher von der Band Oasis Tickets für den im November stattfindenden Clásico zwischen Real Madrid und dem FC Barcelona anbot. Der portugiesische Superstar verschenkte die Karten allerdings nicht ohne Grund, denn als Gegenleistung wollte er gerne ein Privatkonzert von Oasis haben. Was Noel Gallagher von dieser Idee hielt, sagte er gegenüber der *Sun*: „Die Tickets für das Spiel nehme ich. Aber ich bin nicht sicher, ob er sich einen Auftritt von uns überhaupt leisten könnte!“ Wenige Wochen später löste sich die Band auf.

Alles bisher Gesagte entspricht nur dem Bild von Cristiano Ronaldo, wie es in den Medien transportiert wird. „Ich bin nicht der, als der ich in den Magazinen und Boulevard-Medien dargestellt werde“, sagt er selbst.

Cristiano Ronaldo dos Santos Aveiro Ronaldo stammt aus armen Verhältnissen und ist der klassische Aufsteigertyp. Geboren wurde er am 5. Februar 1985 in Santo António nahe Funchal (Hauptstadt der portugiesischen Insel Madeira) als Jüngster von vier Kindern. Mit seinen Geschwistern teilte er ein Zimmer. Die Wohnung war so klein, dass man die Waschmaschine aufs Dach stellen musste.

Ronaldo wuchs also in Verhältnissen auf, in denen viele nur zwischen der Zukunft Drogen, Kriminalität oder ewige Armut wählen dürfen. Oder in denen sie die soziale Leiter über den Fußball erklimmen können.

Ronaldos Mutter Maria Dolores arbeitete als Putzfrau, sie putzte und kochte bei fremden Leuten und in Lokalen. Vater José Dinis war Gärtner und Platzwart, auch mal Trainer, von Ronaldos erstem Club CF Andorinha. Er trank sich zu Tode. Manchmal habe er seinen Rausch in der Umkleidekabine des Fußballvereins ausgeschlafen, berichten Nachbarn. Er starb schon mit 52 Jahren an den Folgen einer Zirrhose. Die größten Erfolge seines Sohnes konnte er nicht mehr miterleben. Vom Tod seines Vaters erfuhr Ronaldo in Moskau am Vorabend eines Qualifikationsspiels zur WM 2006, welches er trotz allem bestritt. Seinem Vater hat Ronaldo übrigens seinen Namen zu verdanken: Der damalige US-Präsident Ronald Reagan war sein Lieblings-Politiker, wobei einige sagen, dass er vor allem das „Schauspieltalent“ Reagans bewunderte. Schließlich war der Amerikaner vor seiner politischen Karriere Schauspieler gewesen.

Madeira – Cristiano Ronaldos portugiesische Heimat

Seine Mutter Dolores Ronaldo bedeutet für den Fußballer alles. Zum Dank dafür, dass sie sich früher als Putzfrau und Köchin für seine Karriere abschuftete, kaufte er ihr auf Madeira eine Millionen-Villa inklusive Meerblick. Viel Zeit verbrachte sie in Manchester, um ihren Schützling zu bekochen. In Normalfall mischt sie sich nicht in das Privatleben Cristianos ein. Da interessiert sich die bekennende Anhängerin von Real Madrid nur für die

Karriere ihres Sohnes. Aber im vergangenen Jahr verbrachte sie den Urlaub mit Cristiano und Nereida - und danach war deren Beziehung im Eimer. Wie es heißt, mochte die resolute Maria Dolores die schöne Nereida nicht so sehr. Waren es die Nacktfotos, die die Schönheit aus Mallorca an ein Magazin verkaufte? Und die sie ausgerechnet hatte schießen lassen, als sie mit ihrer künftigen Schwiegermutter vor Italien auf einem Boot kreuzte?

Auch um den Rest der Familie kümmert sich Ronaldo: Seine Schwestern Katia und Elma machte er zu Managerinnen seiner Boutiquen; Bruder Hugo finanzierte er diverse Heroin-Entziehungskuren. Seine Schwester Liliana Catia ist in Portugal eine bekannte Sängerin – ihr Künstlername: Ronalda.

Cristiano Ronaldo ist bekennender Christ. Vor jedem Spiel küsst er dreimal das Kreuz, das an der Kette um seinen Hals hängt. Und er bekennt, dass er manchmal aus Trauer über verlorene Spiele weine.

Die Anfänge der Fußballprofi-Karriere

Ronaldo wuchs weit weg von den Sportinternaten der bedeutenden Klubs auf, in einem Vorort. Neben der Wohnung war ein Fußballplatz, auf dem Platz war Ronaldo. Das erste Mal durfte er im Alter von drei Jahren gegen das runde Leder treten. Den brennenden Wunsch nach einem Fußball erfüllte ihm sein Vater zu seinem fünften Geburtstag. In der Grundschule wurde Cristiano Ronaldo Fan von Benfica Lissabon.

Ronaldos Heimatstadt Funchal wächst vor allem in die Höhe. Vom Meer gesehen, scheinen die Häuschen aus dem Fels geschlagen. Die Straßen sind steil, verwinkelt, schon das bremst den schnellen Schritt. Es sei denn, man heißt Cristiano Ronaldo. Dem Fußballstar waren eben diese Straßen Trainingsplätze, dort abgestellte Autos die Gegner.

Ronaldo spielte ab dem achten Lebensjahr für den Amateurverein CF Andorinha. Schnell wurde man in Portugal auf ihn aufmerksam. Nach zwei Jahren zeigten sich die beiden größten Fußballclubs Madeiras, Marítimo und Nacional Funchal an einer Verpflichtung des Riesentalents interessiert. Nachdem Vertreter von Marítimo ein Treffen mit dem Berater Ronaldos hatten platzen lassen, entschied sich der für den kleineren Klub. Hier gewann er eine Jugendmeisterschaft.

Auch wenn eigentlich Benfica Lissabon sein Lieblingsverein war, absolvierte Cristiano 1997 ein dreitägiges Probetraining bei Sporting Lissabon. Als er im gleichen Jahr von Nacional zu Sporting wechselte, betrug die Ablöse umgerechnet 2500 Euro. Er war damals zwölf und bekam in der Fußballschule des Traditionsclubs umgerechnet 50 Euro im Monat. Ronaldo, den sie damals wegen seines schnellen Antritts „Bienchen“ nannten, reiste allein und lebte im Internat (eines der besten der Welt), war einsam. Nach dem Training verspielte er sein Taschengeld an Automaten. Mehrmals blieb er in der Schule sitzen. Einmal schmiss er mit einem Stuhl nach einem Lehrer und wurde deswegen für ein Turnier suspendiert.

Von seinen Kameraden, die meist aus der Umgebung Lissabons stammen, wurde Cristiano wegen seines Provinz-Dialekts verspottet. Er sprach nun einmal den breiten, schwerfälligen Madeira-Slang. Seine Schwester hat kürzlich enthüllt, dass Cristiano am Telefon oft weinte, wenn er zu Hause anrief. Aber er beißt sich durch und entwickelt den Ehrgeiz, der seinen verwöhnten Altersgenossen abgeht. Weiche Schale, harter Kern – so ist Cristiano Ronaldo bis heute geblieben.

Nicht nur ein starker Wachstumsschub behinderte die Entwicklung Ronaldos. Seine Trainer bei Sporting fürchteten, er würde niemals die körperliche Robustheit entwickeln, um seine Schnelligkeit und überragende Technik zur Geltung bringen zu können. Mit 15 wurde bei ihm ein Herzfehler festgestellt. Erst nach einer Laser-OP am Herzen konnte er seine Karriere fortsetzen.

Im Fußball ging es für Ronaldo steil bergauf. Deshalb dachte auch niemand in der Schule daran, ihn nach Hause zurück zu schicken. Auf dem Rasen ist er einfach der Beste.

Innerhalb einer Saison spielte er im Jahre 2001 bei Sporting Lissabon in der U16, der U17, der U18, dem B-Team und schließlich bei den Profis. Keinem anderen war dies vorher gelungen. Am 29. September 2001 debütierte er mit 16 in der ersten Liga gegen Sporting Braga. Bei seinem zweiten Spiel machte er für Sporting gleich zwei Buden. Ein Jahr später spielte er für die portugiesische U-17 Auswahl bei der Europameisterschaft. Bereits damals wurden die europäischen Spitzenclubs auf den jungen Flügelstürmer aufmerksam, verwarfen eine Verpflichtung jedoch aufgrund des niedrigen Alters wieder. Besonders interessiert war der FC Liverpool.

In der Saison 2002/03 sammelte Ronaldo bei Sporting Lissabon Spielpraxis in der portugiesischen Liga und wurde auch in der Qualifikation zur Champions League gegen Inter Mailand eingesetzt. Insgesamt absolvierte er in dieser Spielzeit 25 Einsätze. Er entwickelte sich anders als erwartet zu einem körperlich robusten Spieler, der in den nächsten Jahren fast nie verletzt war.

Das Jahr 2003 wurde für Ronaldo zum neuerlichen Wendepunkt. Er wechselte auf die britische Insel. Allerdings nicht zum FC Liverpool, sondern zu Manchester United. Im Sommer 2003 war ManU zur Eröffnung des neuen Stadions von Sporting nach Lissabon eingeladen worden. Beim 3:1-Sieg der Portugiesen spielte Ronaldo seine englischen Gegenspieler schwindlig, die daraufhin ManUs Trainer Alex Ferguson auf eine Verpflichtung Ronaldos ansprachen. Bereits in der Pause ging Manchesters Kapitän Roy Keane, ein für sein Knochenbrechertum und seine Humorlosigkeit bekannter Ire, zu Alex Ferguson und sagt: «Trainer, wir müssen diesen Jungen haben.»

Was die Spieler nicht wussten: Ferguson hatten den Portugiesen längst auf seinem Zettel. Manchester United war tatsächlich auf der Suche nach einem Nachfolger für David Beckham, der zu Real Madrid gewechselt war. Noch bevor andere Top-Vereine reagieren konnten, zog ManU bereits einen unterschriftsreifen Vertrag aus der Tasche. Innerhalb nur einer Woche war der Deal perfekt. Ronaldo wechselte für 17,5 Millionen € - recht viel für einen Teenager - zu Manchester United und wurde der erste Portugiese bei ManU. Er war zugleich der teuerste 18-jährige der Fußball-Geschichte.

David who? – Cristiano Ronaldo verzaubert Manchester

Manchester United war zwar in der Saison 2002/2003 Meister in der Premier League geworden, aber dank der Millionen des fußballverrückten russischen Milliardärs Roman Abramowitsch drohte der FC Chelsea zur neuen Macht im englischen und europäischen Fußball zu werden. Abramowitsch stellte sich sein zusammengekauftes Team ausdrücklich als „Mischung aus Real Madrid und ManU“ vor. Und beinahe hätte er Manchester auch noch Cristiano Ronaldo weggeschnappt.

ManU-Trainer Ferguson reagierte darauf mit dem langfristig ausgerichteten Neuaufbau einer jungen Mannschaft. Neben Ronaldo sollten der brasilianische Nationalspieler Kleberson und Eric Djemba-Djemba aus Kamerun den Kern der neuen Mannschaft bilden. Daneben konnten alte Hasen wie Neville, Giggs und Keane den jungen Leuten den Rücken freihalten.

In Manchester übernahm Ronaldo nicht nur David Beckhams rechte Mittelfeldposition, sondern prompt auch Beckhams Rückennummer 7, ein Zeichen für das Vertrauen, das Teammanager Sir Alex Ferguson in den jungen Mann setzte. Die Nummer 7 hatten bei ManU zuvor auch Eric Cantona, George Best und Bryan Robson getragen. Ferguson – oder „Fergie“, wie ihn die ManU-Anhänger liebevoll nennen – formte Ronaldo in Manchester nicht nur zum womöglich weltbesten Spieler. Sondern zum neuen Glamourboy des Fußballs und medialen Erben des David Beckham.

Mit Ronaldo kam auch seine Freundin, die schöne Jordana Jardel, nach England. Schon träumten die Medien von einem neuen Traumpaar à la David Beckham/Victoria Beckham. Doch Jordana hielt überhaupt nichts von solchen Vergleichen und bezeichnete Posh Spice als magersüchtig und bezweifelte ihre Gesangsqualitäten. Außerdem sei Cristiano ein besserer Fußballer als David.

Ronaldo bezog ein 500.000 Pfund-Appartment im noblen Alderley Edge, wo auch David Beckham gewohnt hatte. Ganz in der Nähe hatte auch Trainer Ferguson seine Wohnung. Ronaldo blieb nicht lange allein, denn bald gesellten sich sein Cousin Nuno und der Bruder seiner Freundin, Zé, zu ihm.

Die Schlagzeilen in den Wochen vor Saisonbeginn gehörten dem jungen Portugiesen. Und er hielt dem Druck stand. Sein Debüt in der Premier League gab Ronaldo am 16. August 2003 beim 4:0 gegen die Bolton Wanderers und holte dabei gleich einen Elfmeter heraus. Als sensationell bezeichnete ManU-Coach Ferguson das Debüt. Das Tempo in der ersten Halbzeit sei zu langsam gewesen, so Ferguson, deshalb habe er Ronaldo eingewechselt. Für den Bolton-Trainer war die Einwechslung Ronaldos spielentscheidend. Die Journalisten verglichen ihn natürlich mit Beckham – und der Vergleich fiel zu Gunsten des 18-jährigen aus. Seine Kaltschnäuzigkeit und Unberechenbarkeit stachen dabei besonders hervor. Auch wenn er nur eine halbe Stunde auf dem Platz gestanden hatte, galt Ronaldo vielen doch als „Man of the Match". Ronaldo habe nicht nur das Publikum beeindruckt, äußerte sich Ferguson nach dem Spiel, sondern auch ihn selbst und die Teamkollegen. „Es sieht so aus, als hätten die Fans einen neuen Helden", so Ferguson.

Trotz des beeindruckenden Debüts saß Ronaldo in den nächsten drei Spielen zwei Mal nur auf der Ersatzbank. Damit verhinderte Trainer Ferguson, dass der Hype um die Person Ronaldo überschnappte. Die Stimmen der englischen Journalisten wurden schnell skeptischer: Die Abwehrspieler würden sich schnell an die Tricks von Ronaldo gewöhnen, Ronaldo sei insgesamt sicherlich kein so großes Kaliber, wie manche glaubten. Aber Ferguson tat genau das Richtige. Er verhinderte, dass Ronaldos Karriere durch ein Burn-out allzu früh an ein Ende gelangte.

Ronaldo belehrte seine Skeptiker eines Besseren. In den folgenden Spielen entwickelte sich Ronaldo schnell zu Manchesters gefährlichster Waffe gegen die Abwehr des Gegners. Besonders gefürchtet waren allerdings auch seine „Schwalben“, mit denen er seine geliebten Freistöße schinden wollte. Als er es im Spiel gegen Charlton übertrieben hatte, verweigerten ihm die Spieler von Charlton nach dem Schlusspfiff den üblichen Handschlag. Den Ruf des „Schwalbenkönigs“ sollte Ronaldo in England, wo man so viel auf Fairness gibt, nicht wieder loswerden. Dies zeigte sich auch im Champions-League-Spiel gegen den VfB Stuttgart, als Ronaldo beim 0:2-Rückstand seiner Mannschaft einen Elfer rausholte – per Schwalbe, wie VfB-Keeper Timo Hildebrand nach dem Spiel behauptete. Auch die englische Presse sprach von einem schäbigen Moment für einen noblen Klub. Gegen Leeds fing sich Ronaldo wenig später nach nur 14 Spielminuten eine gelbe Karte für eine Schwalbe ein.

Wenn Cristiano Ronaldo Probleme hatte, sich an die englischen Verhältnisse zu gewöhnen, dann im Hinblick auf die großzügigen Schiedsrichter, die den Abwehrspielern in der Premier League viel mehr durchgehen ließen, als Ronaldo es aus seiner Zeit in Portugal gewohnt war.

Dass Ronaldo auch selber austeilen konnte, zeigte sich nach dem Spiel gegen Arsenal im September, als der 18-jährige nach Schlusspfiff in eine handgreifliche Auseinandersetzung zwischen ManU- und Arsenal-Spielern geriet. Die Emotionen gingen hoch, nachdem Ruud van Nistelrooy einen Elfer verschossen hatte und dafür von den Arsenal-Anhängern verspottet wurde. Ronaldo wurde danach offiziell wegen ungebührlichen Verhaltens angeklagt und auch bestraft.

Ronaldo Beliebtheit bei den ManU-Fans stieg weiter an, als er im Februar 2004 im FA Cup gegen den Ortsrivalen Manchester City glänzte. Durch ein 4:2 sicherte sich ManU den Einzug ins Viertelfinale. Dabei war man mehr als eine Halbzeit in Unterzahl gewesen, nachdem Neville wegen einer Tätlichkeit die rote Karte gesehen hatte. Trotzdem hatte die Abwehr um den Deutschen Michael Tarnat zunehmend Probleme, Cristiano Ronaldo unter Kontrolle zu halten. ManU bewahrte Ruhe und vertraute auf die schnellen Konterattacken des Portugiesen. Ein Kopfball und ein Freistoß verfehlten das Tor von City nur knapp. In der 74. staubte Ronaldo zum 3:0 ab. Keine fünf Wochen später folgte die Revanche. Manchester City fertigte Ronaldos Mannschaft mit 4:1 ab und zerstörte damit die Titelträume von ManU. Wie schon so oft in der laufenden Saison wurde ManU seine eklatante Abwehrschwäche zum Verhängnis. Die Fehler hinten konnte auch Ronaldo vorne nicht in jedem Spiel ausbügeln.

Kurz vorher hatte sich ManU auch in der Champions-League blamiert, und zwar ausgerechnet in Ronaldos Heimat, beim FC Porto. 1:2 hieß es am Ende. Angesichts der Abwehrschwächen kam man dabei noch mit einem blauen Auge davon. Zu allem Überfluss fing sich Roy Keane kurz vor Abpfiff noch eine rote Karte ein, als er auf den am Boden liegenden Torhüter von Porto trat. Ronaldo fand sich im Rückspiel auf der Ersatzbank wieder, womit Ferguson ihm die Möglichkeit zur Revanche gegen seine Landsleute nahm. Obwohl ManU dringend auf Tore angewiesen war, hatte Coach Ferguson den defensiveren Darren Fletcher bevorzugt. ManU führte lange mit 1:0, was zum Weiterkommen gereicht hätte. Aber der vorentscheidende Treffer wollte einfach nicht gelingen. Nachdem Ronaldo eine Viertelstunde vor Schluss doch noch eingewechselt worden war, begann der Alptraum erst richtig. Schon nach acht Minuten musste Ronaldo den Platz verletzt verlassen. Und in der letzten Minute fing sich seine Mannschaft doch noch den Ausgleich ein. Damit war nicht nur der englische Meistertitel futsch, sondern auch die Champions-League.

Blieb nur noch der FA Cup, der englische Pokal. Der Pokalwettbewerb hat in England einen viel größeren Stellenwert als beispielsweise der DFB-Pokal in Deutschland. Und im Halbfinale wartete Arsenal London, das in der Meisterschaft bislang sehr viel mehr geglänzt hatte. Laut Gary Neville war es das wichtigste Spiel des Jahres. Nach den Turbulenzen vom Herbst, als Ronaldo in den Streit nach Spielende verwickelt worden war, schien ja auch noch eine Rechnung offen zu sein. Durch ein 1:0 mit Paul Scholes als Torschütze gelang der Finaleinzug.

Die Saison hatte für Ronaldo Höhen und Tiefen, was eben auch die Leistung seines Teams widerspiegelte. Seinen Leistungen fehlte noch die Konstanz. Allzu oft folgten auf eine brillante Aktion ein schlechter Pass oder ein schwacher Abschluss. Angesichts der großen Konkurrenz innerhalb des Teams saß Ronaldo anfangs oft auf der Bank. Und im Winter gönnte Coach Ferguson dem Portugiesen sogar eine Auszeit in dessen Heimat, wie auch noch im folgenden Jahr. Ronaldo musste sich erst daran gewöhnen, dass es in England keine Winterpause gibt.

Aber je länger die Saison dauerte, desto öfter stand Ronaldo die volle Spielzeit auf dem Platz und begeisterte die Zuschauer mit seinen technischen Finessen. Mehr hätte man von dem 18-jährigen bei einer der besten Mannschaften der Welt nicht erwarten können.

Gegen Ende der Saison lief Ronaldo zu absoluter Hochform auf. Im April wurde er nach dem 1:0-Sieg gegen Leicester zum ersten Mal „Man of the Match“ beim Fernsehsender Sky Sports. Der FA-Cup 2004 wurde der erste englische Titel für Ronaldo. Und er hatte im Finale einen wesentlichen Anteil am ManU-Sieg. Am Ende stand es 3:0 gegen den klaren Außenseiter Millwall, und Ronaldo hatte mit einem Kopfballtreffer seinen Beitrag dazu geleistet.

Die meisten Journalisten waren nach der ersten englischen Saison Ronaldos bereit anzuerkennen, dass sie es mit einem richtigen und brillanten Talent zu tun hatten. Talent ja, aber als vollkommener Spieler musste sich Ronaldo in den nächsten Jahren noch beweisen.

Insgesamt verlief die Saison 2003/04 für Manchester United enttäuschend. Vor allem im Vergleich zum Vorjahr. Zumindest hatte sich Ronaldo gleich in seiner ersten Saison im Team durchsetzen können. Das gelingt nur wenigen Südeuropäern in der Premier League – und schon gar nicht in dem Alter. Er hatte sich gut in die Mannschaft integriert, was sich sich schon am öffentlichen Lob vieler Mitspieler zeigte. Natürlich waren die mangelhaften Englischkenntnisse noch ein Handicap, aber das würde sich mit der Zeit geben.

Die Saison 2004/05 begann für Manchester United ähnlich deprimierend, wie die letzte Saison verlaufen war. Im Community-Shield-Match um den englischen Supercup verlor Pokalsieger ManU 1:3 gegen Meister Arsenal. Cristiano Ronaldo fehlte hier genauso wie in den ersten Premier League-Spielen. Sehr zum Ärger von Coach Ferguson weilte Ronaldo bei den Olympischen Spielen in Athen, wo sich die portugiesische Nationalmannschaft aber kräftig blamierte. Umso ärgerlicher, dass Ronaldo die ersten Spiele von ManU verpasste.

„Fergie" – Manchester Uniteds Teammanager Sir Alex Ferguson

Gleich am ersten Spieltag setzte es eine 0:1-Niederlage beim FC Chelsea. Zahlreiche ManU-Spieler fielen in der Saison verletzt aus, wobei die langwierige Verletzung von Stürmer Ruud van Nistelrooy besonders schwer wog. An den Gewinn der Meisterschaft war unter diesen Umständen kaum zu denken. Spieler wie Kleberson und Djemba-Djemba, die mit Ronaldo nach Manchester gekommen waren, konnten die in sie gesetzten Erwartungen immer noch nicht erfüllen.

Zwei Monate Erholungszeit waren Cristiano Ronaldo versprochen worden, aber die Verletztenmisere machte hier einen Strich durch die Rechnung. Sein Saisondebüt gab Ronaldo gegen Aufsteiger Norwich, gegen den er fünf Minuten vor Schluss eingewechselt wurde. Der 1:0-Sieg war alles andere als berauschend. Es folgten drei Unentschieden in Folge, und Ronaldo war mit seiner mangelhaften Chancenauswertung nicht ganz unschuldig daran, dass die Medien auf ManU einzuprügeln begannen.

Also wollte man es in der Champions-League besser machen. Hier musste man sich erst einmal qualifizieren, was gegen Dynamo Bukarest auch mühelos gelang. Man kam in eine Gruppe mit Fenerbahce Istanbul, Lyon und Sparta Prag. Eine lösbare Aufgabe, auch wenn man natürlich nach dem Schock gegen Porto niemanden mehr unterschätzen wollte. Dass man vor allem die Franzosen von Olympique ernst nehmen musste, zeigte sich gleich im ersten Spiel. 2:0 lag Lyon schon in Führung, bevor ManU dank van Nistelrooy ein Unentschieden sichern konnte. Ein solches Ergebnis war man ja aus der Premier League bereits gewohnt. Immer wieder musste man Rückständen hinterherlaufen.

In der Premier League erlebte ManU den schlechtesten Saisonstart seit 15 Jahren. Die Abwehrschwächen wirkten sich auch negativ auf die Mannschaftsteile vor und hinter der Verteidigung aus. Der Torhüter Tim Howard beging in den letzten beiden Spielen gegen die Bolton Wanderers (2:2) und in der Champions League in Lyon (2:2) schwere Fehler, das Mittelfeld, in dem Roy Keane zunehmend Mühe bekundet, musste sich vermehrt auf die offensiven Qualitäten von Ryan Giggs und Ronaldo verlassen. ManU musste vermeiden, dass er weiter hinter die beiden dominierenden Londoner Grossklubs Chelsea und Arsenal zurückfiel. Gegen den FC Liverpool kehrte Manchester dank zweier Tore von Mikael Silvestre und Rio Ferdinands Comeback nach einer achtmonatigen Dopingsperre auf die Siegerspur zurück. ManU verbesserte sich auf Tabellenplatz 7. Aber immer noch war Wayne Rooney verletzt.

In der Champions-League reichte es nur zu einem torlosen Unentschieden bei Sparta Prag. In der Premier League lief es auch nach dem Sieg gegen Liverpool nicht besser. Vor allem Arsenal, seit 49 Spielen in der Premier League ungeschlagen, schien weit entrückt. Deshalb galt das in 186 Länder übertragene Gigantenduell der populärsten Liga der Welt als wegweisend für United: eine Niederlage, dann hätte man 14 Punkte Rückstand auf die Londoner Rivalen gehabt. Und tatsächlich musste Arsenal zum ersten Mal seit Mai 2003, also seit über einem Jahr, wieder eine Niederlage hinnehmen. Ruud van Nistelrooy (73., Foulelfmeter) und Wayne Rooney an seinem 19. Geburtstag in der Nachspielzeit schossen die Tore zum 2:0 für Manchester. Wie im Vorjahr gab es auch abseits des Spielfeldes Tumulte zwischen den beiden Teams. Coach Ferguson wurde dabei von einem Arsenal-Spieler ein Stück Pizza ins Gesicht geworfen.

Wie schon der Sieg gegen Liverpool, so war auch der Erfolg gegen die „Gunners" keine Wende zum Besseren. In den nächsten beiden Ligaspielen erzielte ManU kein einziges Tor. Dass ManU Chancen über Chancen vergab, daran hatte Ronaldo wieder gehörigen Anteil.

Einen verheerenden Rückschlag gab es Ende Oktober in der dritten Runde des FA Cup. Gegen den Sechstligisten Burton Albion reichte es nur zu einem 0:0. Zwar hatte Coach Ferguson anfangs die erste Mannschaft geschont, aber das Debakel zeigte natürlich, wie schwach

ManU in der zweiten Reihe besetzt war. Erst als der ManU-Trainer den Ernst der Lage erkannte, wechselte er wenigstens Wayne Rooney und Cristiano Ronaldo ein. Die „Red Devils“ drückten auch auf die Führung, scheiterten aber immer wieder an Burtons Goalie Saul Deeney.

Als man am 10. November im Carling Cup Crystal Palace mit 3:1 besiegte, konnte ManU eine Serie von sieben Siegen in Folge starten. Es ging doch! Ronaldo hatte hieran seinen Anteil, indem er die gegnerischen Abwehrspieler in Schach hielt und mit Flanken und Pässen glänzte. Aber ein Tor sollte ihm erst im letzten der sieben siegreichen Spiele gegen Southampton gelingen. Sein Coach war danach voll des Lobes. Ronaldo habe gelernt, wie man in England Fußball spiele. Er sei jetzt in der Lage, Spiele zu drehen und zu entscheiden.

Zu Beginn des Jahres 2005 fiel ManU in den alten Trott zurück. Im Halbfinale des englischen Liga-Pokals warteten die „Blues“ vom FC Chelsea. Chelsea-Trainer Mourinho warf ManU-Coach Ferguson nach dem 0:0 im Hinspiel vor, er habe den Schiedsrichter in der Halbzeitpause beeinflusst. Danach habe es nur noch Fehler und Betrügereien gegeben. Es war nicht der erste Giftpfeil, den Mourinho gegen Ferguson und auch gegen Arsenal-Coach Wenger abgeschossen hatte. Manchester United konnte im Rückspiel im heimischen Old-Trafford-Stadion die gute Ausgangsposition nach dem torlosen ersten Duell nicht nutzen. Chelsea erwies sich erneut als sehr abwehrstark und konsequent in der Verwertung seiner Torchancen.

Anfang Februar hatte Chelsea in der Premier League schon elf Punkte Vorsprung auf seine Verfolger aus Manchester. Besonders peinlich das 0:0 zuhause im FA Cup gegen Exeter City. ManU musste ins Rückspiel, das Ronaldo für sein Team mit einem Treffer eröffnete.

Ronaldo traf jetzt öfter – auch im Klassiker gegen Arsenal am 1. Februar. Das Spiel würde darüber entscheiden, wer Chelsea im Rest der Saison in der Premier League würde herausfordern können. Im Londoner Highbury-Park brachte ein Fehler des Arsenal-Goalies Almunia ManU auf die Siegesstraße. Die entscheidende Szene ereignete sich in der 58. Minute. Nach einem weiten Pass der Gäste auf den rechten Flügel rannte Almunia aus seinem Tor heraus, kam allerdings gegen Ryan Giggs viel zu spät. Der Waliser flankte den Ball maßgerecht auf Cristiano Ronaldo, der Portugiese schoss zum 3:2 ein. Ronaldo war es auch, der drei Minuten zuvor den 2:2-Ausgleich für die Gäste erzielt hatte. Den 4:2-Endstand stellte John O´Shea zwei Minuten vor Schluss her. Nach einer Roten Karte für Mikael Silvestre (69.) nach einer Tätlichkeit brachten die bravourösen „Red Devils" den Sieg sogar in Unterzahl nach Hause. Das Match war einer der Höhepunkte der Saison – erst Recht für Ronaldo.

Auf der britischen Insel war ManU nun seit Oktober ungeschlagen. Und wie immer fuhr ManU zweigleisig und konnte auch in der Champions-League glänzen. In der Gruppenphase steigerte sich die Mannschaft und machte den Einzug in die nächste Runde klar. Durch das 0:3 im letzten Spiel gegen Fenerbahce verpasste man allerdings den Gruppensieg und würde wahrscheinlich einen starken Gegner im Achtelfinale zugelost bekommen. Der AC Mailand war in der Tat ein großer Brocken.

Milan hatte in der Serie A eine beeindruckende Serie von sechs Siegen in Folge hingelegt. Die Milan-Mauer hatte in den letzten sechs Meisterschaftsspielen lediglich drei Gegentore zugelassen und auch den Auftritt in Manchester sollte sie schadlos überstehen. Milan brachte ein 1:0 nach Hause, und das obwohl die beiden Stürmer Schewtschenko und Inzaghi gefehlt hatten. Der Serie-A-

Leader lieferte mit seinen technisch makellosen, läuferisch und athletisch untadeligen Profis ein Muster hervorragender Teamorganisation ab. Im dicht gewobenen Netz der Aufbauzone verfingen sich die durchaus willigen, aber meist zu ungenauen und umständlichen Engländer regelmäßig. Ein kapitaler Fehler von „ManU"-Schlussmann Roy Carroll besiegelte die Pleite der „Red Devils". Der Keeper konnte in der 78. Minute einen Schuss des Niederländers Clarence Seedorf nicht festhalten, der argentinische Stürmer Hernan Crespo verwertete den Abpraller zum einzigen Tor des Abends.

Ein Nachspiel hatte der Sieg für Milan aber trotzdem: Der Klubarzt der Mailänder, Armando Gozzini, musste sich wegen unsittlicher Entblößung vor einem englischen Gericht verantworten. Eine Angestellte des Salford Hotels, in dem Milan sein Quartier bezog, hatte den Arzt noch vor dem Spiel wegen anstößigen Verhaltens bei der Polizei angezeigt.

Manchester United beschwor vor dem Rückspiel im ausverkauften „San Siro" von Mailand den „Geist von Turin". Dort hatte das Team von Alex Ferguson auf dem Weg zum Champions-League-Triumph 1999 einen 0:2-Rückstand gegen Juventus noch umgedreht und mit 3:2 gewonnen. „Das Spiel in Turin war die beste Vorstellung, seit ich hier bin. Am Dienstag zu gewinnen, stünde noch darüber", sagte Ferguson. In der vom deutschen Schiedsrichter Herbert Fandel geleiteten Partie hatte zunächst Manchester die große Chance, den Rückstand aus dem Hinspiel zu egalisieren, doch Ryan Giggs (28.) traf nur den Pfosten. Aluminium verhinderte neun Minuten später auch einen Treffer von Milans Kaka, der an die Latte schoss. Für die Entscheidung zugunsten der Italiener sorgte dann wieder Crespo (61.) mit einem Kopfball.

Ronaldo biss sich an der Abwehr um Maldini und Nesta die Zähne aus. Wieder war er mit ManU frühzeitig in der Champions-League gescheitert.

Nach dem Ausscheiden aus der Champions-League senkten die englischen Buchmacher ihre Quoten für eine Entlassung Fergusons nach Saisonende. Fernsehsender starteten Umfragen, ob er mit 63 Jahren noch der richtige Trainer für ManU sei. „Sir Alex“ hatte die Diskussion um seine Person selbst ausgelöst: „Angesichts der Gelegenheiten, die wir hatten, hätten wir die Champions League öfter gewinnen müssen als das eine Mal 1999“, sagte Ferguson vor dem Achtelfinal-Rückspiel in Mailand. Kritiker warfen dem Coach vor, dass Manchester zwar der reichste Club der Welt sei, in der europäischen Königsklasse jedoch zum zweiten Mal in Folge das Viertelfinale verpasst habe. Manchesters Fans standen jedoch hinter dem Mann, der ManU in fast 18 Jahren zu acht englischen Meisterschaften und fünf Pokalsiegen geführt hatte.

Die Medien versuchten in dieser Krisenphase auch, Zwietracht in der Mannschaft zu sehen. Angeblich gab es Kritik an der Leistung Ronaldos auf dem Flügel. Mit seinem Teamkollegen Alan Smith habe es eine handfeste Auseinandersetzung gegeben. Nichts davon war wahr. Es sollten aber nicht die letzten Schlagzeilen über Kabbeleien sein, in die Ronaldo verwickelt war.

In der Premier League dominierten wieder die „Blues“ von Chelsea. Hier konnte ManU nichts mehr ausrichten, auch wenn das Team jetzt sehr viel konstanter spielte. Aber die Saison war nur noch durch den Gewinn des FA Cups zu retten. So zerschmetterte ManU wenige Tage nach der Schmach gegen Mailand Southampton im Viertelfinale mit 4:0, wobei Ronaldo vor der Pause zum 2:0 traf. In einigen Spielen fand sich Ronaldo aber nur auf der Ersatzbank wider, mittlerweile ein ungewohntes Gefühl.

Die Dominanz des Mourinho-Teams ließ sich also nur noch im FA Cup brechen. Die gleiche Erfahrung hatte Ronaldos Mannschaft im Vorjahr mit Arsenal gemacht. Aber anders als in der vorangehenden Saison ging auch dies in die Hose. Arsenal konnte Manchester durch eine

Siegesserie noch vom 2. Platz der Premier League verdrängen. Und auch im FA-Cup-Finale sollte sich die bessere Form bemerkbar machen. Ronaldo hatte im Hinblick auf das Finale im letzten Premier League-Spiel gegen Angstgegner Southampton pausiert. Der Sieg gegen Southampton besiegelte übrigens dessen Abstieg in die 2. Liga. Im Finale brillierte Ronaldo auf der linken Seite, wo er seinen Gegenspieler fast zur Verzweiflung brachte. Aber wie so oft in der Saison gelang es weder Ronaldo noch seinen Teamkollegen, den Ball im Tor unterzubringen. Die Entscheidung musste im Elfmeterschießen fallen. Hier triumphierte ausgerechnet Arsenal-Keeper Jens Lehmann, der in der Saison bisher vor allem durch haarsträubende Fehler aufgefallen war. ManU verlor das Elfmeterschießen, auch wenn Ronaldo sicher verwandelt hatte. Coach Ferguson war nach dem Spiel voll des Lobes über Ronaldo und dessen Kollegen Wayne Rooney. Trotz der Niederlage.

In dieser Saison blieb Manchester United ohne einen einzigen Titel. Gegen die „Blues" von Chelsea hatte Ronaldos Team beide Premier League-Spiele verloren, zuletzt zuhause am 10. Mai mit 1:3. Erst Arsenal und dann Chelsea hatten Ronaldos Team in diesen schwierigen Jahren überholt, wenn es um Konstanz über eine ganze Saison hinweg ging. In der gesamten Saison hatte ManU einfach viel zu wenig Tore geschossen. Vor allem Ronaldo hatte zu viele Chancen ungenutzt gelassen, sodass seine persönliche Bilanz trotz großartiger Momente insgesamt eher durchwachsen ausfiel. 20 Tore hätte er mindestens schießen können und müssen.

Die Saison hatte gezeigt, dass Manchester United zwar über grandiose Einzelspieler wie Ronaldo, Rooney, Scholes, Giggs, Neville und Ferdinand verfügte, aber diese

Klasse häufig nicht in eine geschlossene Mannschaftsleistung umzuwandeln vermocht hatte.

Das „Old Trafford" – die Heimat von Manchester United

Zu Beginn der Saison 2005/06 verließ Roy Keane ManU in Richtung Schottland, weil er die Kritik an seiner Person satt hatte. Keanes Weggang war ein schlechtes Omen für die ganze Saison, die durch langwierige Verletzungen von Leistungsträgern wie Paul Scholes, Ryan Giggs und Gabriel Heinze geprägt war.

Cristiano Ronaldo musste in seiner 3. Saison bei ManU dringend seine Konstanz verbessern und mehr Tore schießen. Die Zeit war reif, das Talent zur vollen Entfaltung zu bringen. Doch erst einmal fehlte er seiner Mannschaft in der Vorsaison. ManU hatte ihn freigestellt, damit er bei seinem todkranken Vater sein konnte. Im September 2005 starb der Vater. Am darauffolgenden Tag lief Ronaldo trotzdem für seine Nationalmannschaft in Russland auf. Coach Ferguson gab Ronaldo frei. Er sollte sich so lange um seine trauernde Mutter kümmern, wie er es für richtig hielt. Dies war die andere, die weiche Seite des Trainers, der einst David Beckham in der Kabine einen Schuh ins Gesicht gekickt und dabei verletzt hatte. „Fergies" Erfolg beruhte aber eben nicht nur auf seinen harten Entscheidungen.

Einen Monat nach der Beerdigung seines Vaters wurde Ronaldo von einem englischen Groupie der Vergewaltigung beschuldigt und von der Polizei festgenommen. Scotland Yard verhörte den 20-jährigen. Ihm wurde vorgeworfen, am 2. Oktober in einem Londoner Hotel eine Frau vergewaltigt zu haben. Solche Vorwürfe gegen Spieler der Premier League waren keineswegs ungewöhnlich. In der jüngsten Vergangenheit waren zahlreiche Fußballer der englischen Profiligen wegen des Verdachts auf Vergewaltigung festgenommen worden. Zuletzt saß Robin van Persie, Stürmer des FC Arsenal, in Rotterdam über zwei Wochen in Haft. Im vergangenen Jahr verbrachten drei Spieler von Leicester City sechs Nächte im Gefängnis. Ihnen war vorgeworfen worden, während eines Trainingslagers in Spanien drei Frauen vergewaltigt zu haben. Sie wurden jedoch nicht angeklagt. Ronaldo hat die Vorwürfe bestritten und angegeben, er sei Opfer einer Intrige und absolut unschuldig. Die Polizei fand keinerlei Belege für die eher abenteuerlichen Vorwürfe. Doch Ronaldo hatte jetzt den Ruf des schmierigen, zügellosen Latinos weg.

Auf dem Fußballfeld zeigte sich Ronaldo unbeeindruckt. Gegen den ungarischen Klub von Debrecen gelang mühelos die Qualifikation für die Champions-League. Im ersten Premier League-Spiel gegen Everton fehlte Ronaldo noch wegen einer Knöchelverletzung, aber schon im nächsten Match brachte er die „Red Devils" mit einem Assist auf die Siegesspur. Fergusons offensives 4-3-3-System brachte Ronaldo die Freiheiten, die er brauchte, um van Nistelrooy und Rooney mit den nötigen Flanken und Pässen zu füttern. Damit erkannte der Coach an, dass jemand wie Ronaldo in der Spitze die Entscheidung über Sieg oder Niederlage bringen konnte.

Das „Old Trafford" in Manchester

In der Gruppenphase der Champions-League bekam es ManU mit Villareal, Benfica Lissabon und dem französischen Klub aus Lille zu tun. Auf den ersten Blick keine große Sache. Villareal war sicherlich kein Big Name im europäischen Fußball, aber der härteste Brocken. Im ersten Spiel in Spanien reichte es am 14. September nur zu einem 0:0. Ronaldo schien sich so kurz nach dem Tode des Vaters nicht ganz auf das Match konzentrieren zu können. Rooney musste nach einer roten Karte vom Platz, sodass die Offensive von ManU an diesem Tag nicht ihren besten Tag hatte.

Auch in der Premier League lief es nicht mehr so glänzend wie am Anfang der Saison. Das alte Leiden aus der vorigen Saison, die fehlende Konstanz, brach wieder auf. Ronaldo selbst zeigte die alten Schwächen und schien sich nicht weiterentwickelt zu haben. Seine privaten Probleme mögen aber ihren Teil beigetragen zu haben. Die

Fans reagierten jedenfalls zunehmend missmutig auf die Leistungen ihres Teams und machten die Misserfolge am neuen Spielsystem fest. 4-4-2 skandierten die Fans im Old Trafford, denn dieses System hatte Manchester United in den fünfzehn Jahren zuvor seine Erfolge beschert.

Insbesondere vor Heimpublikum tat sich Ronaldos Team schwer. Am 29. Oktober 2005 schoss er in Middlesbrough das 1000. Tor in der Premier-League-Geschichte von Manchester United, was die peinliche 1:4-Niederlage aber auch nicht verhindern konnte. ManU lag schon wieder 13 Punkte hinter Chelsea zurück.

Wenigstens in der Champions-League schien alles seinen Weg zu gehen. Das zweite Gruppenspiel brachte einen, wenn auch mühsam erkämpften, 2:1-Sieg gegen Benfica, Ronaldos Lieblingsklub in seinen jungen Jahren. Das anschließende 0:0 gegen den französischen Außenseiter aus Lille sorgte für Ernüchterung. Auch ein Ronaldo konnte die Abwehrmauer nicht knacken. Auch nicht im Rückspiel, dass die „Red Devils" mit 0:1 verloren. Jetzt schien die Qualifikation für die nächste Runde ernsthaft gefährdet. Ganze zwei Tore hatte ManU in den bisherigen vier Champions-League-Spielen erzielt. Armselig! Seit zwei Jahren (1:0 bei Panathinaikos) hatte Manchester jetzt schon nicht mehr auf dem Kontinent gewonnen.

Im Champions-League-Spiel bei Benfica Lissabon am 7. Dezember 2005 musste die Entscheidung fallen. Ende November war ManU-Legende George Best gestorben. Mit ihm hatte ManU 40 Jahre zuvor 4:1 bei Benfica gewonnen. Wer hatte bei den „Red Devils" das Potenzial, ähnlich großes zu vollbringen? Diese Spiele auf internationaler Bühne waren für Ronaldo immer ein besonderes Highlight. Und er brannte jetzt vor Ehrgeiz, mit ManU den ersten internationalen Titel zu holen. Der fehlte ihm bisher, genauso wie der Titel in der Premier League. Im dritten

Jahr in England wurde es höchste Zeit, wollte er seinen Wechsel nach Manchester nicht bereuen.

Das Spiel begann vielversprechend. Paul Scholes (6.) erzielte die ersehnte Führung für die Engländer. Doch der 31malige portugiesische Meister drehte die Partie durch die Brasilianer Geovanni (16.) und Beto (34.) noch vor der Pause. Es war nicht Ronaldos bester Tag, so sehr er sich auch bemühte. Mit einem George Best konnte er sich noch nicht messen. Obwohl ManU dringend den Ausgleichstreffer brauchte, wurde Ronaldo schon 20 Minuten vor Spielende ausgewechselt. Dabei zeigte er den gegnerischen Fans den Stinkefinger. Folge: Ein Spiel Sperre.

Hier zeigte sich wieder einmal, warum das Verhältnis vieler Fußballfans zu Ronaldo so zwiespältig ist. Ganz unumstritten war er bei den englischen Fans ja nie, trotz seiner Erfolge in späteren Jahren. Gerade in England sorgte sein geringes „Standvermögen" immer wieder für ein kontroverses Medienecho. Cristiano Ronaldo würde sich zu oft zu Schwalben hinreißen lassen, lautete der nicht unberechtigte Vorwurf. Vom englischen Fairplay-Kodex hat er sich wenig beeindrucken lassen. Schwalben waren fester Bestandteil seines südländischen Schlitzohr-Repertoires. Zudem erniedrige er die Gegner manchmal regelrecht; spätestens beim fünften Übersteiger schwingt tatsächlich ein bisschen Arroganz mit. Nicht beliebter machen ihn seine Schwierigkeiten, sein Temperament unter Kontrolle zu behalten, was diverse Revanchefouls bestätigen.

Die Niederlage gegen Benfica bedeutete, dass ManU in der Champions-League zum ersten Mal seit über zehn Jahren schon in der Gruppenphase ausschied. Die Katastrophe war perfekt, denn ManU rutschte als Gruppenletzter noch nicht einmal in den Uefa-Cup. Der Stuhl von Trainer Alex Ferguson wackelte bedenklich. Zum

Glück legte seine Mannschaft gegen Jahresende eine Siegesserie hin. Die Ronaldo aber meist von der Bank aus erlebte. In dieser Phase wurde er vom Trainer zum Joker degradiert. Eine Quittung für die mäßigen Leistungen in wichtigen Spielen vor allem der Champions-League. Der Frust entlud sich in einer handgreiflichen Auseinandersetzung zwischen Ronaldo und Ruud van Nistelrooy im Training. Im Februar folgte das Aus im FA Cup, als man beim FC Liverpool mit 0:1 verlor.

Vielleicht wäre Zeit für einen Wechsel gewesen, um die stockende Entwicklung des Fußballers Ronaldo neu zu beleben. Im März 2006 soll der FC Valencia rund 28 Millionen Euro für den Portugiesen geboten haben. „Ich möchte, dass wir in der Champions League große Dinge vollbringen. Cristiano würde perfekt in unsere Pläne passen", sagte Valencias Vereins-Präsident Juan Soler. Aber aus einem Wechsel nach Spanien wurde nichts. Manchester United erklärte den Portugiesen mit seinem kürzlich bis 2010 verlängerten Vertrag für unverkäuflich.

Gegen Ende der Saison lief Manchester United noch einmal zu Hochform auf, wie beim 2:0 gegen Arsenal. Der Vorsprung von Chelsea schmolz, und manch einer freute sich schon auf einen spannenden Schlussspurt. Doch ein torloses Unentschieden zuhause gegen Sunderland riss die ManU-Fans aus ihren Träumen. Später folgte noch ein 0:3 gegen Chelsea, das auch in dieser Saison absolut dominierte.

ManU wurde Zweiter in der Liga und sicherte sich damit einen direkten Platz in der Champions-League. Ganz ohne Titel blieb man dennoch nicht und gewann den Carling Cup gegen die Außenseiter von Wigan Athletic, die vorher sensationell Arsenal ausgeschaltet hatten. Der Carling Cup war sicherlich nicht das Höchste der Gefühle, aber zumindest der zweite Pokal für Ronaldo.

Am Ende der Saison 2005/06 konnte Ronaldo auf neun Treffer zurückblicken – doppelt so viel wie in den beiden Spielzeiten zuvor zusammen. Aber immer noch zu wenig, um vom großen Durchbruch zu sprechen. Der gelang ihm weder in England noch auf internationaler Bühne. Bei der Wahl zum Weltfußballer belegte er den 20. Platz. In der nächsten Saison würde eine noch größere Verantwortung auf Ronaldo lasten, denn Stürmerkollege Ruud van Nistelrooy verließ den Klub in Richtung Real Madrid, nachdem er sich mit Coach Ferguson überworfen hatte. Im Mai hatte es wieder einen handfesten Streit zwischen dem Holländer und Ronaldo gegeben. Van Nistelrooy konnte es nicht ertragen, wenn Ronaldo aus purer Ballverliebtheit zu spät auf ihn abspielte.

Cristiano Ronaldo in der portugiesischen Nationalmannschaft

In der portugiesischen Nationalmannschaft ist Ronaldo seit Sommer 2003 eine feste Größe. Zwei Tage, nachdem er bei Manchester United unterschrieben hatte, wurde er in die Nationalelf berufen. Sein Debüt in der A-Nationalmannschaft feierte Ronaldo am 20. August 2003 gegen Kasachstan (1:0 für Portugal). Vier Tage nach seinem Debüt im ManU-Trikot. Wenn Alex Ferguson bei Manchester United so etwas wie sein Ersatzvater war, dann war dies bei der Nationalelf Luiz Felipe Scolari, der Brasilien 2002 zum WM-Titel geführt hatte.

Scolari war allerdings häufig erbost darüber, dass ManU Ronaldo nur ungern zu Freundschaftsspielen abstellte. So musste es ihm schwer fallen, den jungen Spieler zu formen. Scolari schreckte auch nicht davor zurück, seinen Zorn öffentlich zu machen, sodass Ronaldo nicht hundertprozentig sicher sein konnte, auch wirklich in die Mannschaft für die EM 2004 berufen zu werden.

Eine Nicht-Berufung wäre allerdings eine Überraschung gewesen. Nicht nur angesichts seiner tollen Form gegen Saisonende, sondern auch im Lichte des Ansehens, das er sich mittlerweile in England erworben hatte. „Cristiano Ronaldo ist ein großartiger Spieler“, sagt der ehemalige Weltfußballer Luis Figo. Ronaldos Aufstieg auf der internationalen Bühne fiel ohnehin zusammen mit einem Wachtwechsel in den Nationalmannschaften wichtiger Fußballländer: Englands Rooney, Tschechiens Baros, Schwedens Ibrahimovic, Hollands Robben – in dieser Reihe der neuen Generation im europäischen Fußball stand auch ein Cristiano Ronaldo. Als hoch sensibler Ball-Liebhaber und Dribbelgenie wurde er damals betitelt. Vor der EM sagte Portugals Nationalheld Eusébio: „Ronaldo ist eine Ikone in Wartestellung."

Im Jahre 2000 hatten die Portugiesen das Halbfinale der Europameisterschaft erreicht und waren unglücklich durch ein Elfmetertor gegen Frankreich ausgeschieden. Die Europameisterschaft 2004 im eigenen Land wurde für Cristiano Ronaldo die erste große Herausforderung im Dress der Nationalmannschaft. Es wurde Traum und Alptraum zugleich. Im Eröffnungsspiel gegen die Griechen Otto Rehhagels schoss Ronaldo sein erstes Tor – und war am Ende doch maßlos enttäuscht. Weder die Experten noch die eigenen Fans hatten damit gerechnet, dass ihr Team im ersten Spiel der Europameisterschaft gegen die eher unbekannten Spieler aus Griechenland verlieren könnte.

Aus einer gut stehenden Abwehr heraus spielend, setzte das Team von Otto Rehhagel den umjubelten Gegner unter Druck. Schon in der 7. Minute wurden die Portugiesen durch das Tor von Karagounis geschockt. Zur Halbzeit kam Ronaldo. Auch nach der Pause kontrollierte Griechenland weiterhin das Spiel. Durch einen Konter wird das 0:2 eingeleitet. Seitaridis wird im Strafraum von dem in der Halbzeit eingewechselten Cristiano Ronaldo zu Fall gebracht. Schiedsrichter Pierlugi Collina entschied zu Recht auf Strafstoß und Basinas verwandelte in der 51. Minute sicher den Elfmeter. Erst jetzt begannen die Portugiesen den Druck auf den Außenseiter zu erhöhen. Durch die Hereinnahme von Deco schaffte das Team von Trainer Luis Felipe Scolari die griechische Abwehr mehr zu fordern. Über die rechte Seite wurde immer wieder Ronaldo angespielt. Doch brachten seine Flanken und Pässe Rehhagels Defensive nicht in Gefahr. Die Angriffsbemühungen scheiterten am Strafraumrand. Drei Minuten in der

Nachspielzeit waren vergangen, als Ronaldo per Kopfball den Anschlusstreffer markierte. Zu spät!

Es bleiben den Portugiesen noch zwei Spiele, um ihre Probleme in Griff zu bekommen. Die Abwehr um Fernando Couto wirkt nicht eingespielt, und das Mittelfeld war zu abhängig von Figos und Costas Ideen. Gelang es den Gegnern diese Führungspersönlichkeiten auszuschalten, war Portugal nicht in der Lage ein strukturiertes Angriffsspiel aufzubauen. Der brasilianische Trainer Scolari hatte es offenbar nicht geschafft, aus hervorragenden Einzelspielern eine Mannschaft zu bilden – so tönten die Kritiker.

Aber Portugal steigerte sich beträchtlich. Gegen Russland ging es im zweiten Spiel schon ums Ganze. Nach nur sieben Minuten brachte Deco das Leder flach und hart in den Strafraum. Hier war Maniche zur Stelle, der aus der Drehung heraus unhaltbar abzog und mit seinem Treffer die 65.000 Zuschauer im Estadio de la Luz von Lissabon in Ekstase versetzte. Ronaldo erlebte die ersten Minuten wieder von der Bank aus, wurde aber später eingewechselt. Für die letzte halbe Stunde durfte dann auch Rui Costa noch aufs Feld, und prompt bedankte er sich mit dem Treffer zum 2:0. Die Flanke kam von Ronaldo, der auf der linken Seite eine beeindruckende Leistung zeigte.

Im entscheidenden dritten Gruppen-Spiel gegen den Erzrivalen Spanien war der Druck riesengroß. Spanien oder Portugal – ein Team von beiden würde am Ende die Koffer packen müssen. Den Spaniern hätte schon ein Unentschieden gereicht, Portugal nicht. Von der ersten Minute an lieferten sich beide Seiten eine hitzige Auseinandersetzung in der Arena von Sporting Lissabon. Schon in den ersten zehn Spielminuten gab es zwei Gelbe Karten. Zum ersten Mal war Cristiano Ronaldo von Anfang an dabei. Seine Mitspieler suchten ihn mit schnellen Pässen in die Tiefe. Er war der auffälligste Akteur in der ersten Halbzeit. Er hielt dem Druck stand und stellte die spanische Abwehr mit seinen Tricks und Finten häufig vor große Probleme. Ronaldo besaß auch die größte Chance der ersten Halbzeit, als sein Kopfball nach einer Flanke von Figo knapp am Tor vorbeistrich. Es war schließlich der zur Halbzeit eingewechselte Nuno Gomes von Benfica Lissabon, der in der 57. Minute mit einem Schuss aus der Drehung aus 18 Metern das erlösende 1:0 für die Portugiesen schoss. Die Spanier trafen noch zweimal den Pfosten, aber nicht ins Tor, sodass sie wieder einmal ihre Titelhoffnungen bei einer großen Meisterschaft begraben mussten. Mit Hupkonzerten und Autokorsos feierten landesweit Zehntausende das Weiterkommen.

Im Viertelfinale trafen die Gastgeber auf England mit seinem Jungstar Wayne Rooney, Ronaldos Teamkollege bei ManU. Nach überstandener Oberschenkelverletzung war Ronaldo wieder mit von der Partie. Lange Zeit sah es so aus, als könnten die Engländer mit dem dritten Sieg in Serie ihren Ruf als Titelmitfavorit dieser EM untermauern. Der herausragende Michael Owen hatte mit seinem ersten Turniertreffer für die frühe Führung gesorgt, als er sich im gegnerischen Strafraum wie ein Balletttänzer drehte und einen langen Abschlag seines Keepers David James über Portugals Torwart Ricardo ins Netz lupfte (3.). Geschwächt durch die verletzungsbedingte Auswechslung von Goalgetter Wayne Rooney ließen sich die Eriksson-Schützlinge aber mit zunehmender Dauer des in einem atemberaubenden Tempo geführten Spiels von den leidenschaftlich kämpfenden Portugiesen in die Defensive bringen. Im Zentrum stand Ronaldos Vorbild Luis Figo. Der Kapitän, der in seinem 125. Länderspiel wie Beckham und viele andere namhafte Akteure enttäuschte, wurde in der 75. Minute von Trainer Scolari vom Platz geholt: Kopfschüttelnd, die Wut nur mühsam unterdrückend, stapfte er wort- und grußlos an der Trainerbank vorbei in die Kabine. Ausgerechnet der für ihn eingewechselte Helder Postiga traf in der 83. Minute per Kopf zum Ausgleich. Der ebenfalls in der Schlussphase der regulären Spielzeit von Coach Scolari ins Spiel gebrachte Rui Costa schoss Portugal mit einem herrlichen Tor aus 20 Metern Entfernung mit 2:1 in Führung (110. Minute). Frank Lampards Treffer in der 115. Minute nach einem Eckball hielt das Team Englands vorerst am Leben.

Ronaldo unterstützte den aus Pauleta bestehenden Ein-Mann-Sturm glänzend aus der zweiten Reihe. Der Jungstar hatte für sein zurückhaltend agierendes Team zwei gute Chancen, konnte diese aber nicht nutzen. Die Zweikämpfe zwischen dem jungen portugiesischen Dribbelgenie und dem ausgebufften Verteidiger Ashley Cole – ein spannenderes Zweikampfduell hat man bei dieser Europameisterschaft noch nicht gesehen.

Im Elfmeterschießen nahm das Unheil für England seinen Lauf. David Beckham, Englands Idol und Ronaldos Vorgänger bei ManU, trat gleich beim ersten Elfmeterschuss für seine Mannschaft in die Grasnarbe. Englands Kapitän säbelte unter den Ball, der so mehrere Meter über das von Ricardo gehütete Tor flog. „Er hat es versaut", schrien die englischen Fans. Rui Costa passierte das gleiche Missgeschick. Erst der siebente Schütze brachte die Entscheidung: Darius Vassell von Aston Villa scheiterte an Portugals Ricardo. Anschließend schickte der Torwart von Sporting Lissabon den sich Richtung Elfmeterpunkt bewegenden Linksverteidiger Nuno Valente in den Mittelkreis zurück und verwandelte selbst den Sieg bringenden Elfmeter.

Cristiano Ronaldo und sein Förderer Luiz Felipe Scolari, der Trainer der portugiesischen Nationalmannschaft

Im Halbfinale warteten die Holländer. Figo erlebte eine Wiedergeburt und wurde von einer neuen Kraft beherrscht. Gegen die Holländer leistete er eine seiner besten Partien überhaupt. Er stürzte die gegnerische Verteidigung auf seiner rechten Seite in Verzweiflung, gab Reiziger keine Ruhe und brachte Gefahr in fast jedem Angriff. Die Nr. 7 hätte es verdient, kurz vor der Pause ein wunderbares

2:0 zu schießen, aber der Ball schlug an den Pfosten. Mit einem Kopfball in der 26. Minute schenkte Ronaldo Portugal den ersten Treffer. Als er nach seinem Tor den Oberkörper entblößte, stockte nicht nur Teenagern der Atem. Zehn Minuten vor dem Halbzeitpfiff hätten die portugiesischen Fans fast erneut jubeln können, doch Pauleta vergab völlig freistehend die Möglichkeit zur Vorentscheidung. In der 41. Minute war es dann Figo, der den Ball aus 18 Metern an den Pfosten setzte. In der 58. Spielminute schoss Maniche nach einer Standardsituation das 2:0. Doch inmitten der Feierstimmung war es ausgerechnet ein Portugiese, der die Gäste wieder ins Spiel brachte. Nach einer weiten Flanke in den Strafraum lenkte Abwehrspieler Jorge Andrade den Ball über den sich vergeblich streckenden Ricardo hinweg ins Tor – Eigentor in der 63. Minute! Danach setzten die Holländer alles auf eine Karte, die Gastgeber blieben aber bis zum Schlusspfiff durch Konter gefährlich. Am Ende hielten die Portugiesen das 2:1 und zogen zum ersten Mal ins Endspiel eines großen Turniers ein.

Im Finale warteten die Griechen, die Ronaldos Team den Auftakt verdorben hatten. Die Portugiesen waren bei den Buchmachern wenig überraschend die klaren Final-Favoriten. Gegen die Außenseiter würde man innerhalb eines Turniers wohl kaum zweimal verlieren – und dann noch vor heimischem Publikum! Die Abfahrt des Mannschaftsbusses der Gastgeber wurde vom Fernsehen pünktlich ab 17.15 Uhr Ortszeit live übertragen. Zehntausende Portugiesen säumen die Straßen auf den rund 40 Kilometern bis zum Stadion, legen sich auf die Straße, um den Bus zu stoppen.

Luiz Felipe Scolari vertraute auf die gleiche portugiesische Elf, die sich gegen die Niederlande durchgesetzt hatte. Aber das Finale wurde zu einem Alptraum. Die Portugiesen enttäuschten lange auf ganzer Linie und hielten dem Druck nicht stand. Sie agierten im Spielaufbau zu langsam und fanden noch keine Mittel gegen die massierte griechische Deckung. Auch Cristiano Ronaldo fand keinen Weg durch Griechenlands Abwehr. Nicht er, sondern ein griechischer Stürmer wurde zum Mann des Tages: Nach einer Ecke von Basinas köpfte Angelos Charisteas in der 57. Minute zur überraschenden Führung des Außenseiters ein - sein dritter Turniertreffer. Von nun an versuchte Portugal mehr Druck aufzubauen, der Gegner wurde in seine Hälfte zurückgedrängt. Doch bei allem Bemühen – echte Tormöglichkeiten ergaben sich kaum. Figo hatte den Ausgleich auf dem Fuß, aber Nikopolidis parierte dessen 14-m-Schuss (64. Minute). In der 75. Minute tauchte Cristiano Ronaldo nach einem langen Pass alleine vor dem griechischen Torhüter auf, schoss aber zwei Meter drüber. Nach teilweise begeisternden Partien setzte sich am Ende nicht die technisch versierte Mannschaft durch, sondern Griechenland, das unter Rehhagel auf Laufbereitschaft, Kampf und taktische Disziplin gesetzt hatte.

Trotzdem war die Turnierbilanz für Cristiano Ronaldo nicht rundweg negativ. Er war aus der Nationalelf nicht mehr wegzudenken und schaffte es sogar in die „Mannschaft des Turniers“. Und er bekam nach der EM über 1000 Heiratsanträge. Sein Markt- und Werbewert war enorm gestiegen. Zu Beginn der EM hatte Ronaldos Teamkollege Rui Costa für die Banco Espirito Santo („Bank des Heiligen Geistes“) überall im Land auf riesigen Plakaten geworben. Im Laufe des Turniers wurde der 32-jährige auf vielen Postern ausgetauscht. Gegen seinen 19-jährigen Mitspieler Ronaldo.

Cristiano Ronaldo hatte eine unglaubliche Saison hinter sich gebracht. Sowohl in der Nationalmannschaft als auch bei Manchester United zählte der 19-jährige schon zu den Stützen. Weil er keine Angst kennt, weil er früh gelernt hat, sich durchzukämpfen.

Die Teilnahme an den Olympischen Spielen in Athen wurde für Ronaldo und sein Team zum Flop. Gegen den Irak und Costa Rica verlor man jeweils mit 2:4. Gegen Marokko reichte es zu einem 2:1, zu dem Ronaldo einen Treffer beisteuerte. Aber die Portugiesen flogen in der Vorrunde raus.

Die nächste Herausforderung war die Qualifikation für die WM 2006 in Deutschland. Portugal war zweifellos der Favorit in einer Gruppe mit Russland, Lettland, der Slowakei und anderen Fußballzwergen. Portugal startete mit einem 2:0-Sieg in Lettland, wobei Ronaldo den ersten Treffer beisteuerte. Ein paar Tage später war es wieder Ronaldo, der mit seinem 1:0 gegen Estland den Bann brach und den Weg zum 4:0-Sieg ebnete.

Im Oktober 2004 blamierte sich Portugal mit einem 2:2 in Liechtenstein. Ronaldo war beim Stande von 2:1 eine halbe Stunde vor Schluss ausgewechselt worden. Vier Tage später fegten die Portugiesen Russland mit 7:1 vom Platz. Immer wieder hatte Ronaldo die russische Abwehr mit seinen Flanken in den Strafraum in Verwirrung gestürzt. Zwei Treffer steuerte Ronaldo für sein Team bei, beim zweiten eroberte er den Ball im Mittelfeld, marschierte durch die gesamte russische Abwehr und donnerte den Ball in den Winkel. Es war gut zu sehen, dass weder Portugal noch Ronaldo nach dem verlorenen EM-Finale in ein mentales Loch gefallen waren, sondern sich auch von Rückschlägen erholen konnten.

Der weitere Verlauf der WM-Quali sollte für das portugiesische Team kein Problem darstellen, und Ronaldo trug mit seinen Toren maßgeblich dazu bei, dass Portugal sich ohne eine Niederlage qualifizierte. Sieben Tore sollten es am Ende für ihn persönlich sein. Seine Person trug mit dazu bei, dass Experten Portugal für einen Geheimfavoriten auf den nächsten Titel hielten.

Die Weltmeisterschaft in Deutschland 2006 war die erste WM für Ronaldo. In der Qualifikation war er mit insgesamt sieben Treffern zweitbester Torschütze in Europa gewesen. Pauleta – Figo – Ronaldo: mit diesem Traumtrio war den Portugiesen bei dieser WM einiges zuzutrauen.

Im ersten Spiel war ein Sieg gegen Angola Pflicht. Gegen die frühere portugiesische Kolonie hatte man keine besonders positiven Erinnerungen: Fünf Jahre zuvor musste ein Testspiel zwischen Portugal und Angola abgebrochen werden, nachdem vier Afrikaner die rote Karte gesehen hatten.

Portugal wirbelte schon in den ersten Minuten wie ein Orkan durch die angolanische Defensive. Bereits nach 14 Sekunden spielte Ronaldo Pauleta frei, doch der Stürmer schoss knapp daneben. Das Führungstor war damit aber nur aufgeschoben. Lediglich drei Minuten später sprintete der 34-jährige Figo an Verteidiger Jamba vorbei, legte den Ball zurück auf Pauleta, der diesmal das Tor nicht mehr verfehlen konnte; aus fünf Metern brauchte der Torschützenkönig der französischen Ligue 1 (21 Tore) nur einzuschieben. Cristiano Ronaldo vergab seine besten Chancen vor der Pause: In der 32. Minute verpassten er und Pauleta eine Flanke von Figo. Drei Minuten später setzte Ronaldo den Ball nach einer Figo-Ecke an die Latte. Kurz vor der Halbzeit scheiterte er dann mit einem 14-Meter-Schuss an Angolas Torwart Joao Ricardo. Ronaldos Leistung war eher schwach, sodass er ausgewechselt wurde.

Public Viewing in Deutschland

Zufrieden konnte Ronaldo mit dem Spiel gegen Angola nicht sein. Kein Tor, die Auswechslung – da war gegen den nächsten Gegner Iran Wiedergutmachung angesagt. Portugal übernahm von Beginn an das Kommando gegen die extrem defensiv eingestellten Iraner. Da ein Kopfball von Ronaldo sowie ein Miguel-Schuss aus kurzer Distanz ebenfalls nicht den Weg ins Tor fanden, ging es torlos in die Pause. Nach dem Wechsel war Irans Abwehrriegel dann in Minute 63 aber chancenlos: Der gebürtige Brasilianer Deco zog nach Figo-Vorlage aus 20 Metern genau ins Kreuzeck ab und besorgte damit die verdiente Führung für die Portugiesen. Durch den Rückstand waren die Iraner gezwungen, mehr für die Offensive zu tun, und kamen prompt zu Ausgleichschancen: Nach einer Zandi-Maßflanke scheiterte Hashemian per Kopf an Ricardo (78.). Im Gegenzug fiel die endgültige Entscheidung zu Gunsten von Portugal. Nach einem Foul von Yahya Golmohammadi an Figo verwertete Ronaldo souverän den fälligen Elfer zum 2:0-Endstand (80.), der Portugal den

Aufstieg unter die letzten 16 sicherte. Knapp war es allemal gewesen. Portugal könne jeden schlagen, verkündete Deco nach dem Spiel trotzdem. Die beiden Vorstellungen Portugals bei der WM hatten diesen Anspruch allerdings bisher nicht untermauert.

Mit den beiden Siegen gegen Angola (1:0) und Iran (2:0) hatten sich die Portugiesen nicht nur zum ersten Mal seit 40 Jahren für die nächste Runde bei einer WM qualifiziert, sondern auch ihre Erfolgsserie ausgebaut. Die Mannschaft war nunmehr seit 16 Spielen unbesiegt. Im unwichtigen dritten Spiel gegen Mexiko wurde Ronaldo wegen einer drohenden Gelbsperre geschont. Im Achtelfinale gegen die Niederlande verließ er nach einem Foul von Khalid Boulahrouz früh den Platz - mit Tränen in den Augen. Die portugiesischen Masseure hatten alles versucht, aber nach einer halben Stunde humpelte Ronaldo mit einer apfelgroßen Beule vom Platz. Die Oberschenkelverletzung hatte er sich einem überharten Foul des HSV-Verteidigers Boulahrouz zugezogen. Das ganze Spiel war von Brutalität geprägt. Es gab sagenhafte 16 gelbe Karten, vier davon mit Platzverweis. Ronaldos Mannschaft konnte den Verlust seines Jungstars verkraften. Portugal wirkte kompakter und reifer als die Holländer. Sie spielten aus einer sicheren Abwehr, ohne aber zunächst zu gefährlichen Situationen zu kommen. Mit der ersten Chance fiel das erste Tor: Eine Kombination von Deco und Pauleta schloss Maniche ab und ließ dabei aus elf Metern Niederlandes neuem Rekordnationalspieler Edwin van der Sar keine Chance. Portugals Trainer Scolari brachte zur zweiten Halbzeit Petit für die letzte verbliebene Angriffsspitze Pauleta und setzte voll auf Defensive. In Überzahl berannten die Niederländer das Tor der „Seleccao“ und bekamen Chancen im Minutentakt. Die beste vergab Phillip Cocu vier Minuten nach dem Wiederanpfiff mit einem Schuss an die Latte. Portugal rettete den Sieg dennoch über die Zeit.

Im Viertelfinale warteten die Engländer, die nach der letzten EM noch eine Rechnung mit Ronaldos Team offen hatte. Die Portugiesen zeigten auf Schalke vor über 50.000 Zuschauern eine reife Leistung, doch auch sie agierten nach der Maxime, keinesfalls ein Tor zu kassieren. Dennoch erarbeiteten sie sich ein leichtes Übergewicht im Mittelfeld und wirkten unter der Regie von Luis Figo initiativer. Im Strafraum brachten die Portugiesen aber wenig zustande, zu sehr fehlt die Durchschlagskraft, um die physisch solide Verteidigung um John Terry und Rio Ferdinand zu knacken. Vor allem nach Rooneys Platzverweis zeigte sich, dass die Portugiesen kein Mittel besaßen, ihre Überzahl auszunutzen. Oft ließen sie den Ball vor dem Strafraum zirkulieren, ohne jedoch eine Lücke zu finden. Und so stand es am Ende 0:0. Das Elfmeterschießen musste die Entscheidung bringen.

Jamie Carragher hatte seinen Elfer für die Engländer bereits versenkt, als ihn Schiedsrichter Elizondo bat, den Strafstoß nochmals auszuführen. Irgendetwas hatte nicht gestimmt beim ersten Versuch. Und so kam es, dass Carraghers zweiter Schuss sein Ziel verfehlte und Ronaldo als nächster Schütze den Ball aufnahm. Würde er treffen, wäre Portugal qualifiziert für das WM-Halbfinale, erstmals seit 1966, als die Portugiesen mit ihrem legendären Star Eusebio ausgerechnet gegen England 1:2 verloren hatten. Langsam und theatralisch legte sich Ronaldo den Ball zurecht und traf sicher eiskalt in die hohe Ecke. Wie schon zwei Jahre zuvor scheiterten die Engländer im Elfmeterschießen gegen Portugal. Das Trauma ging weiter.

Der Sieg sollte für Cristiano Ronaldo einen üblen Nachgeschmack haben. Sein ManU-Teamkollege Wayne Rooney drohte wenig später, „ihn in zwei Teile zu zerreißen". Hintergrund: Im Viertelfinale hatte Ronaldo vehement eine Rote Karte für Rooney gefordert, weil dieser vorher Ricardo Cavalho in die Weichteile getreten hatte. Und Rooney bekam die rote Karte, weil der Schiedsrichter ohnehin gesehen hatte, was passiert war. Ronaldo zwinkerte später seinem Trainer zu, was die Gemüter der englischen Fans nicht gerade beruhigte. In der völlig verdrehten Berichterstattung des englischen Boulevards wurde daraufhin Ronaldo zum Hauptschuldigen für Englands Aus. Ein Unbekannter stellte ihn bei Ebay zum Verkauf: ein betrügerischer tollpatschiger Portugiese brauche ein Ticket aus England heraus. Das höchste Gebot lag schließlich bei 15.000 Euro, bevor Ebay die Versteigerung aussetzte. Die Boulevardzeitung Daily Mail forderte: „Lasst diesen Mann nicht mehr in unser Land". Der ehemalige Stürmerstar und jetzige Fernsehexperte Alan Shearer empfahl Rooney sogar, seinem Vereinskameraden bei Gelegenheit „die Fresse zu polieren".

Kein Wunder, dass Ronaldo meinte, es sei schwer in einem Land zu leben, das einen nicht wolle. Besonders wohl hatte er sich hier ja nie gefühlt: da waren das schlechte Essen und Wetter, die Sprache, die er nie richtig lernte.

Ronaldo zeigte sich jetzt aber besonders über die Tatsache enttäuscht, dass ihm im Zuge der Hetzjagd keiner der Vereinsverantwortlichen aus Manchester wie Teammanager Alex Ferguson beigestanden habe. „Sie hätten mich verteidigen sollen, aber sie haben es nicht getan. Ich kann und will unter diesen Umständen nicht bei diesem Klub bleiben", betonte der Portugiese. Auch später wurden Ronaldo und Rooney nicht die besten Freunde, aber sie spielten immerhin so. Nach seinem Wechsel zu Real Madrid lobte Ronaldo Rooney als den besten Spieler der Premier League. Wayne würde für Manchester United sterben.

Wayne Rooney und Cristiano Ronaldo

Wenn es im Spiel nicht so läuft wie er will, zeigt Cristiano Ronaldo sein Temperament. Dies brachte ihm auch den Ruf des „bad boy of football“ ein. Auch im Halbfinale gegen Frankreich versuchte Ronaldo einige Male, einen Elfmeter zu schinden. Der Schiedsrichter fiel allerdings nicht darauf rein. Stattdessen bekam der Gegner einen Penalty zugesprochen, den Zinédine Zidane zum 1:0-Siegtreffer nutzte. Klare Torchancen waren Mangelware. Beide Teams neutralisierten sich im Mittelfeld und machten die Räume eng. Ronaldo bekam in der 39. den Ball etwa auf Höhe der Mittellinie und setzte zu einem Dribbling bis tief in die französische Hälfte an. Sein anschließender Schuss wurde allerdings noch vom Bein eines französischen Verteidigers zur Ecke abgefälscht. Die größte Chance der Portugiesen zum Anschlusstreffer hatte Luis Figo, der den Ball nach einem Patzer von Frankreichs Schlussmann Fabien Barthez freistehend über die Latte köpfte. Somit blieb es beim knappen Erfolg der Franzosen, die nun am 9. Juli im Finale im Berliner Olympiastadion in einer Neuauflage des Endspiels der Europameisterschaft 2000 auf Italien trafen. Portugal spielte am 8. Juli im

Stuttgarter Gottlieb-Daimler-Stadion gegen WM-Gastgeber Deutschland um den dritten Platz.

Im Spiel um Platz 3 kassierte Portugal eine 1:3-Niederlage gegen die Elf von Jürgen Klinsmann. Die Deutschen waren vor ihrem Heimpublikum natürlich hoch motiviert, was man von Ronaldos Team nicht behaupten konnte. Im Mittelpunkt stand Figo, der seinen letzten Auftritt für Portugal hatte. Da auch Pauletta seinen Abschied nahm, ging so etwas wie eine Ära im portugiesischen Fußball zu Ende. Umso größer die Last, die von nun an auf den Schultern Ronaldos ruhen sollte.

Bei der Wahl zum besten Jungspieler der WM 2006 unterlag er Lukas Podolski. Wie höflich gegenüber den Gastgebern! Aber auch eine Folge seiner Unsportlichkeit im Spiel gegen England. Heute spielen der Deutsche gegen den Abstieg und der Portugiese bei Real Madrid. Zwei Jungstars mit ganz unterschiedlichen Karrierewegen.

Einen Tag nach seinem 22. Geburtstag durfte er die portugiesische Nationalmannschaft im Testspiel gegen Brasilien erstmals als Kapitän aufs Feld führen. Damit entsprach man dem ausdrücklichen Wunsch des portugiesischen Verbandspräsidenten Carlos Silva, der zwei Tage zuvor gestorben war. Portugals Trainer Scolari hielt Ronaldo eigentlich zu jung für diese Aufgabe.

Die Saison 2006/07 – Der große Durchbruch bei ManU

Seinen großen Durchbruch feierte Cristiano Ronaldo in der Saison 2006/07. Nach vier Jahren konnte Manchester United wieder den Meistertitel erringen.

Noch ist kein Meister vom Himmel gefallen! Auch die Entwicklung Ronaldos hatte tatsächlich eine gewisse Zeit benötigt. Vielleicht war die ärgerliche Episode bei der WM der entscheidende Schritt in der Entwicklung zum besten Spieler der Welt. Aber unter Alex Ferguson entwickelte sich Cristiano ohnehin zu einer reifen Fußballer-Persönlichkeit, legte er sein zum Teil egoistisches Spiel ab. Unter dem Druck der öffentlichen Kampagne entwickelte Ronaldo eine neue Klarheit und Effizienz in seinem Spiel. Im Vorjahr hatte das große Talent noch Ruud van Nistelrooy regelrecht zur Weißglut getrieben, weil es den bereits zwei Mal verladenen Außenverteidiger lieber ein drittes Mal aufs Kreuz legte als scharf zu flanken. Aber nun fügte er sich besser in die Mannschaft ein, und aus seiner egozentrischen Spielweise entwickelte sich ein prima Passspiel. Damit wurde Ronaldo noch unberechenbarer für die Verteidiger. Er zeigte die Lernfähigkeit, die anderen talentierten Jungstars fehlt.

Dem exaltierten Techniker wurde bei Manchester United also jener Firlefanz ein wenig ausgetrieben, mit dem er stets sein Spiel verziert hatte. Diese Stakkato-Übersteiger, das theatralische Gehabe und weitgehend auch die Schwalben. Es ist womöglich das größte Verdienst von Ferguson, dass er dem talentierten Burschen den Unterschied zwischen Effekt und Effektivität beibrachte.

Ronaldo wettete vor Beginn der Saison mit seinem Coach, er würde mindestens 15 Tore in der Spielzeit erzielen. Zu Beginn sah es allerdings gar nicht gut für ihn aus. Die unschönen Ereignisse bei der WM hatten ihm bei den englischen Fans noch mehr Sympathien gekostet. In den ersten Spielen der Saison wurde er bei seinen Ballkontakten auch von den ManU-Anhängern gnadenlos ausgepfiffen. Wechselgerüchte standen im Raum. Wieder zeigte der FC Valencia ein großes Interesse am Portugiesen, Ronaldo selbst dachte an Real Madrid. Aber er blieb. Wie so oft hatten sich die Leute in Ronaldo getäuscht. Anstatt schleunigst das Weite zu suchen, entschied er, sich auf der Insel mit dem rauen Klima durchzusetzen.

Und er überzeugte die Fans mit Leistung. Anders als in den vorangehenden Jahren konnte er seine Fähigkeiten in greifbare Resultate umsetzen. Im November wurde er zum Spieler des Monats in England gewählt. Im Dezember das Gleiche – diesmal als Belohnung für sechs Treffer in drei Spielen. Auch seine Mannschaft zeigte endlich die Konstanz, die in den Spielzeiten zuvor gefehlt hatte. Die Abwehr stand viel sicherer. Die erste Niederlage setzte es ausgerechnet gegen Arsenal. ManU lieferte eine grottenschlechte Vorstellung ab und Ronaldo war noch der Beste im Team.

In der Champions-League wurde man wieder mit Benfica in eine Gruppe gelost. Im ersten Spiel gegen Celtic Glasgow (3:2) wurde Ronaldo geschont. Eine weise Entscheidung Fergusons nach dem übermenschlichen Druck der letzten Wochen. Beim 1:0 bei Benfica war Ronaldo wieder dabei. Sein Pass auf Saha brachte die Entscheidung.

In der Premier League erlebte ManU einen goldenen Oktober. Endlich schienen sich die zahlreichen Einzelkönner zu einer Mannschaft gefunden zu haben. Die

Titelverteidigung im Carling Cup wurde hingegen früh vereitelt, und zwar durch eine Niederlage gegen das unterklassige Southend. Dies konnte man auch positiv bewerten: Manchester United war in dieser Saison auf größere Titel aus – national und international.

Umso unverständlicher die beiden Auswärtsniederlagen in der Gruppenphase der Champions-League gegen den FC Kopenhagen (der erste Sieg einer dänischen Mannschaft über ManU) und Celtic Glasgow. „Weshalb müssen es meine Spieler immer wieder auf die Spitze treiben?“, wunderte sich der Teammanager von Manchester United. Wieder war es ein Spiel gegen Benfica, das die Entscheidung bringen musste. Diesmal freilich zuhause im „Old Trafford“.

ManU geriet 0:1 in Rückstand und balancierte schon wieder auf einer „hauchdünnen ge“ (Alex Ferguson). „Die Tortur hat aber glücklicherweise rasch aufgehört“, meinte Ferguson nach dem Spiel erleichtert. Denn wer nach der Führung wie Benfica nur defensiv auf die Druckwellen des Gegners wartete, setzte im ausverkauften Old-Trafford-Stadion Kräfte frei, die er schon bald nicht mehr kontrollieren kann. Ferguson richtete nach Spielende seinen ausdrücklichen Dank an den Torschützen Nelson: „Sein Treffer hat uns und das Publikum geweckt. Danach sah man das richtige Manchester United.“ Drei Kopfballtore garantierten den Engländern einen letztlich ungefährdeten 3:1-Sieg. Der Premier-League-Spitzenreiter sei spürbar gereift - individuell wie auch als Team, schrieb eine bedeutende englische Zeitung in der Spielanalyse. So, wie sie einen Gegner mit Tempo und Wucht überfordern könne, und wie sie alte britische Tugenden (alle Tore per Kopf) mit modernem technischem Verständnis kombiniere. Zehn Minuten blieben noch zu spielen, als Ronaldo stürzte und seinem Ruf als „Taucher“ wieder alle Ehre machte. Doch nichts passierte, kein

Schiedsrichterpfiff, keine Schmährufe. Der Portugiese im Team von ManU war an diesem Abend außerhalb jeglicher Kritik.

Trotz schwerer Beine kam man drei Tage später zu einem 3:1-Erfolg im Derby gegen Manchester City, wobei Ronaldo einmal traf. Höhepunkt der ersten Saisonhälfte sollte aber das Spiel gegen Chelsea daheim im „Old Trafford" werden. Besonders aufregend das Duell zwischen Ronaldo und Ashley Cole, der dem Portugiesen an diesem Tag den Zahn zog. 1:1 stand es am Ende, und die Entscheidung, ob ManU dem Höhenflug der „Blues" in dieser Saison ein Ende bereiten könnte, war vorerst aufgeschoben. Im Dezember lag ManU vier Punkte vor den „Blues".

Nach dem 1:2 bei Arsenal im Januar blieb ManU 14 Mal in Folge ungeschlagen. Ronaldo gelang es, tatsächlich, seine gute Form aufrechtzuerhalten. Falls es noch Restzweifel an seiner außerordentlichen Klasse gab, so waren diese spätestens seit dem 7:1 gegen den AS Rom im Viertelfinale der Champions League hinfällig. Der irische Fußballguru Eamonn Dunphy hatte Ronaldo vor der Partie noch als „puffball" (Sporenpilz) bezeichnet, als harmlosen Aufschneider, „der auf diesem Niveau noch nichts gerissen hat". Hinterher rühmten selbst die Römer Ronaldo als „weltbesten Spieler", auch weil dies die Schmach ein wenig erträglicher machte. Aber auch Teamkollege Wayne Rooney nannte Ronaldo nun den mit Abstand besten Fußballer der Welt. Für die britische Boulevard-Zeitung „Sun" war er der „Star Man".

Im Halbfinale der Champions League traf Ronaldos Team auf ein weiteres italienisches Team, den AC Mailand. „Wir siegen in Old Trafford und ziehen ins Finale ein", tönte Milan-Präsident Silvio Berlusconi. „Wir werden Italiens Ehre hoch halten“, kündigte der heutige italienische Ministerpräsident Revanche für Roms Pleite an. Alex Ferguson dagegen stapelte angesichts seines ausgedünnten Star-Ensembles tief: „Ich habe eine Notelf mit nur noch elf fitten Spielern“, klagte er.

Wer ist derzeit der beste Fußballspieler der Welt? Diese Frage stand für Journalisten und Fans im Raum, als sich mit Cristiano Ronaldo im Dress von Manchester United und Kakà in den Farben des AC Milan zwei Spieler in herausragender Form gegenüberstanden. Zum Glück für das Publikum blieb das Spiel im Old Trafford eine Antwort auf die so alte wie müßige Frage schuldig. Denn sowohl der Brasilianer Kakà als auch der Portugiese Ronaldo setzten dem stimmungsvollen Abend Glanzlichter auf

Es standen sich zwei völlig unterschiedliche Teams gegenüber. Jugend gegen Routine, Euphorie gegen Abgeklärtheit. Ronaldo gelang der erhoffte frühe Treffer: Milan-Goalie Dida verharrte bei dessen Kopfball nach einer Ecke von Giggs auf der Linie und lenkte den Ball ins eigene Tor. Die Mailänder ließen sich jedoch nicht beirren, wahrten ihre hervorragende Organisation und behielten gegen die von der Führung beflügelten Gastgeber kühlen Kopf. Die routinierten, clever taktierenden Mailänder kontrollierten das Spiel fast eine Stunde lang und gingen durch Kakàs phänomenale Einzelleistungen mit 2:1 in Führung. In der zweiten Halbzeit beeindruckte das unermüdliche Tempospiel der Briten. Es war Wayne Rooney, der von Paul Scholes mit einem filigranen Lupfer bedient wurde und nach einer Stunde das 2:2 erzielte. In der Nachspielzeit erzielte Rooney sogar noch das 3:2, ein Lehrstück in Sachen Ballannahme, Körperbeherrschung und perfekter Schusstechnik. Er habe „in den letzten 30 Minuten noch nie mit einem so guten Team“ gespielt, berichtete Ronaldo nach dem Spiel stolz.

Das Rückspiel wurde ein Debakel. AC Milan erteilte Manchester United bei englischem Wetter, also strömendem Regen, eine demütigende Fußballlehrstunde. Ein bisschen war Manchester aber auch Opfer des eigenen Hochmuts geworden. Als die Engländer im Viertelfinale den AS Rom mit 7:1 abfertigten, verhöhnten selbst seriöse Gazetten den italienischen Fußball. Skandalblätter sprachen gar von seiner Demontage. Milan ist aber nicht Roma. Zu selbstverliebt und siegessicher waren sowohl das Team als auch ihr Trainer Sir Alex Ferguson. Von Anpfiff an griffen die Mailänder an und zwangen die Verteidigung von Manchester nicht nur bei den Treffern durch Kaká (11.) und Seedorf (30.) zu eklatanten Abwehrfehlern. Als taktische Meisterleistung erwies sich das Kurzpassspiel der Mailänder, die damit Spiel und Gegner dominierten. Alberto Gilardinos Kontertor in der 70. Minute versetzte den „Red Devils“ schließlich den endgültigen Gnadenstoß. 0:3 hieß es am Ende.

Der 24-jährige begnadete Filigrantechniker Kaká mit dem Antritt eines Sprinters bedankte sich dafür, dass ManU ihn zwei Spiele lang ohne besondere Manndeckung hatten Tore der Extraklasse zaubern lassen. Paul Scholes, Wayne Rooney und Cristiano Ronaldo trabten hingegen fast orientierungslos über den Mailänder Rasen. Besonders Ronaldo haderte mit sich selbst. Schon beim ersten Ballkontakt: Statt einen simplen Querpass zu spielen, probierte es Ronaldo mit Übersteiger und Hackentrick, und der humorlose Kollege Gattuso schaute sich das nicht zweimal an. Sein lächerlicher Ballverlust zu Beginn war so ziemlich das Letzte, was man in jener einseitigen Partie im San Siro von Ronaldo sah. Er war in sein altes Image als Schau-Spieler zurückgefallen.

Das Aus in der Champions League wurde Ronaldo verziehen. Längst hatten die meisten ManU-Fans den

Ausrutscher von der Weltmeisterschaft vergessen. „He winks to the left, he winks to the right, our boy Ronaldo made England look shite“ („Er blinzelt nach links, er blinzelt nach rechts, unser Boy Ronaldo ließ England mies aussehen“), skandierten die ManU-Fans im „Old Trafford“. Die harte Arbeit zahlte sich aus. Dank seiner gestiegenen Effektivität entwickelte sich Ronaldo immer mehr zu einem Torjäger. Ganze 17 Treffer erzielte er in seiner vierten Premier-League-Saison. Im April 2007 wurde er zum besten Jungprofi in der Premier League gekürt. Am 5. Mai traf er zum 50. Mal in einem Pflichtspiel für ManU und sicherte mit dem 1:0 gegen den Ortsrivalen Manchester City die Meisterschaft für seinen Verein. Die englische Spielervereinigung wählte ihn zum Spieler des Jahres (wobei Teamkollege Wayne Rooney für Chelseas Didier Drogba stimmte). John Terry vom FC Chelsea erklärte, er würde sich Spiele von Manchester United vor allem wegen Ronaldo ansehen. „Er ist der beste Spieler der Welt“.

Brasiliens Fußball-Legende Pelé war allerdings noch skeptisch, ob der Portugiese das Prädikat „Weltklasse“ tatsächlich verdient habe: „Er muss diese Leistung erst ein paar Jahre bestätigen“, sagte der Brasilianer. Sir Alex Ferguson hingegen schwärmte von Cristiano Ronaldo und dem Mailänder Kaká als den „zwei derzeit besten Spielern auf der Welt“.

Dass Manchester United in der zurückliegenden Saison 20 Treffer mehr als Konkurrent Chelsea erzielte hatte – daran hatte Cristiano Ronaldo großen Anteil. Am meisten dürfte Ronaldo befriedigt haben, dass ihn auch die englischen Fußballfans zum Spieler des Jahres wählten. Das war in seinem Fall nun wirklich nicht selbstverständlich. Schließlich wählten ihn sogar noch Englands Journalisten zum Fußballer des Jahres.

Es war Chelsea, das im Finale des FA Cups im neuen Wembley-Stadion den totalen Triumph der „Red Devils" in England verhinderte. Schon vor dem Finale hatte es einen Nervenkrieg zwischen Chelsea-Coach Mourinho und ManU gegeben. Ronaldo und Mourinho bezichteten sich gegenseitig der Lüge, als es darum ging, ob die englischen Schiedsrichter zu wenige Elfer gegen ManU geben würden. Mourinho führte Ronaldos Verhalten auf dessen Kindheit in ärmlichen Verhältnissen zurück. Ronaldo sei eben ungebildet. Damit war der Chelsea-Coach natürlich zu weit gegangen. Er entschuldigte sich dafür später bei seinem Landsmann.

Die Erwartungen der englischen Fußballfans an das Finale in Wembley waren gewaltig, sie sollten aber enttäuscht werden. Die Stars waren müde und so spielten sie auch. Ronaldo inbegriffen. An die Leistungen der Finals der Vorjahre konnte er nicht anknüpfen. Am Ende war es Didier Drogba, der den einzigen Treffer des Tages erzielte und die „Blues" zum Titel führten.

Wie schon im Jahr zuvor schwirrten nach der Saison wieder Wechselgerüchte durch den Raum. Real Madrid bot angeblich unglaubliche 80 Millionen Euro für Cristiano Ronaldo. Doch dieser hatte sich schon im April für eine Vertragsverlängerung mit ManU entschieden. Um ganze fünf Jahre wurde der Vertrag verlängert. Gut 9,5 Millionen Euro im Jahr sollte Ronaldo in Zukunft verdienen. Hinzu kamen Werbeverträge mit Coca-Cola und Nike.

Niemand hätte überrascht sein können, wenn Cristiano Ronaldo nach der Mega-Saison 2006/07 erst einmal in ein Loch gefallen wäre. Doch genau das Gegenteil war schließlich der Fall. In der folgenden Saison 2007/08 konnte Ronaldo seine Leistungen noch weiter steigern.

Dabei ging es überhaupt nicht gut los. Gleich im zweiten Ligaspiel fing sich Ronaldo gegen Portsmouth eine rote Karte ein, als er seinem Gegenspieler einen Kopfstoß verpasste. Umgerechnet 132.000 Euro(!), also einen Wochenlohn, musste Ronaldo seinem Arbeitgeber ManU für diese Unsportlichkeit berappen. Trotzdem nahm ihn sein Trainer wie so oft in Schutz: Ronaldo sei eben in eine Falle gelaufen. Er wurde für drei Spiele gesperrt und fehlte seinem Klub in einer schwierigen Phase.

Als wenig später das Derby gegen City verloren ging, war der schlechteste Saisonstart seit 15 Jahren perfekt. Wer nach dem Gewinn der Meisterschaft geglaubt hatte, die „Red Devils" würden an die glorreiche Zeit der späten neunziger Jahre anknüpfen, musste sich gedulden. Noch kein Sieg. Der glückte erst im vierten Spiel gegen Tottenham. Wenig später wurde Chelsea mit 2:0 weggefegt. ManU fing sich also nach einem schwachen Start.

Ronaldo musste aber auch nach Ablauf seiner Sperre weiter auf seinen ersten Treffer warten und machte derweil Schlagzeilen mit seinem Privatleben. Der Portugiese feierte in seinem Haus in Manchester eine wilde Pool-Orgie mit gleich fünf Prostituierten, die danach freimütig über den schönen Abend plauderten. „News of the World" konnte sogar ein Handy-Video ins Internet stellen.

Während Ronaldo nach Ablauf seiner Sperre in der Premier League erst einmal Ladehemmung zeihte, gelang ihm der erste Saisontreffer, ein Flugkopfball, ausgerechnet gegen seinen alten Verein Sporting Lissabon in der Champions-League. Dass er demonstrativ auf den üblichen Torjubel verzichtete, brachte ihm die stehenden Ovationen der Sporting-Anhänger. Sie stimmten während der Lautsprecher-Durchsage des Schützen sogar seinen Namen an. Dank Ronaldos Tor siegte ManU 1:0. Dem

Treffer gegen Sporting sollten noch viele weitere folgen. Allein in der Gruppenphase erzielte Ronaldo fünf Tore.

Das Ziel Ronaldos war klar: „ Wir sind eines der besten Teams Europas und müssen deshalb auch den Anspruch haben, den größten Titel zu holen!“ Dabei baut er auch auf die Erfahrung aus der letzten Saison, als Manchester erst im Halbfinale der Champions League knapp am AC Mailand gescheitert war: „Wir können den Titel nur holen, wenn wir uns keinen Ausrutscher leisten. Aber wir sind diese Saison soweit gereift und durch die Neuzugänge so stark, dass uns eine schwache Leistung wie in Mailand nicht noch mal passieren wird.“

Anfang Oktober eroberte Manchester United auch dank zweier Ronaldo-Tore beim 4:0 gegen Wigan kurzzeitig die Tabellenspitze von Arsenal. Nach einem Schrägschuss von Giggs, den der Wigan-Keeper nicht festhalten konnte, staubte Ronaldo per Kopf ab. Wenig später war er der Nutznießer einer glänzenden Vorarbeit von Wayne Rooney. „Nach den Problemen am Anfang läuft es jetzt wieder super - vor allem weil ich Tore mache! Aber nicht nur ich, das ganze Team spielt wieder Klasse, wie man an den drei Siegen in den ersten CL-Spielen sehen kann.“ Die Explosion in der Offensive - für Christiano kam sie nicht von ungefähr: „Jedes Tor bringt frisches Selbstvertrauen. Das ist auch der Grund für unseren Angriffswirbel: Wir sind alle wieder voller Selbstbewusstsein.“ Entscheidenden Anteil an der überragenden Offensive hat für Cristiano auch Neuzugang Carlos Tévez: „Er ist ein fantastischer Spieler und bildet mit Louis Saha oder Wayne Rooney das beste Sturmduo der Premier League!“

In der Champions-League konnte ManU nach dem 4:2 bei Dynamo Kiew für das Achtelfinale planen. Schon nach zehn Minuten hatte Verteidiger Rio Ferdinand mit einem wuchtigen Kopfball die Engländer in Führung gebracht, Wayne Rooney doppelte acht Minuten später nach und bewies seine zuletzt gezeigte Gefährlichkeit vor dem Tor. Sieben Tore in den letzten sechs Partien mit Klub oder Landesauswahl hatte der bullige Stürmer geschossen. Auf den Anschlusstreffer der Ukrainer durch Diogo Rincon (33.) antwortete Ronaldos Team angemessen. John O'Shea vergab aus aussichtsreichster Position (38.). Nur wenig später flankte Ryan Giggs nach einem sehenswerten Antritt auf der linken Seite perfekt auf Cristiano Ronaldo, der den Abstand von zwei Treffern wieder herstellte (41.). Der Portugiese nutzte dann in der zweiten Halbzeit einen Handelfmeter zu seinem zweiten persönlichen Treffer.

Auch in der Premier League glänzte Ronaldo mit einem Doppelpack und schoss sein Klub an die Spitze der Liga. Beim 2:0 gegen die Blackburn Rovers traf er innerhalb von 107 Sekunden (34./35.) zweimal.

Zum Ende des Jahres 2007 landete Ronaldo bei der Wahl zu Europas Fußballer des Jahres auf dem zweiten Platz – hinter Kaká. Den dritten Platz holte er sich bei der

Wahl zum Weltfußballer, wieder hinter Kaká und diesmal auch Lionel Messi.

In der Premier League setzte sich das Kopf-an-Kopf-Rennen zwischen Arsenal und ManU fort. Am 12. Januar 2008 fegte ManU Newcastle mit 6:0 vom Platz. Ronaldo spielte die Abwehr Newcastles schwindelig, vergab sogar noch einige Großchancen, ihm wurde ein Elfmeter verweigert, und dennoch gelang ihm schließlich sein erster Hattrick. „Fantastisch", „wunderbar", „unglaublich", schwärmte Coach Ferguson nach dem Match. Mit einem Freistoßtor hatte Ronaldo in der 50. Minute den Bann gebrochen. Eine Woche später schoss er beim 2:0 gegen den FC Reading seinen 23. Treffer in dieser Premier-League-Saison. Damit hatte er seine Vorjahresbilanz schon frühzeitig eingestellt.

Im Champions-League-Achtelfinale gegen Olympique Lyon am 4. März erzielte Ronaldo den 1:0-Siegtreffer und sicherte Manchester United damit den Einzug ins Viertelfinale. Dort wartete der AS Rom, der sehnsüchtig auf die Möglichkeit zur Revanche für das 1:7-Debakel vom Vorjahr hoffte. ManU begann die Partie deshalb vorsichtig und äußerst defensiv. Teammanger Ferguson hatte in Rooney nur eine echte Spitze in der Startaufstellung. Allerdings wussten die Italiener wenig mit den defensiven Gästen anzufangen und erspielten sich in der ersten Hälfte kaum Chancen. Ohne ihren Kapitän Francesco Totti waren die Römer gegen Manchester zu einfallslos. Das größtenteils planlose Offensivspiel rächte sich sechs Minuten vor der Pause, als Ronaldo die Briten völlig überraschend per Kopf in Führung brachte. Damit setzte er sich an die Spitze der Champions-League-Torjägerliste. Wayne Rooney (66.) stellte den Endstand her und sorgte damit für eine glänzende Ausgangsposition für das Rückspiel im „Old Trafford".

Anschließend hob die englische Boulevardpresse Ronaldo auf den Thron und titelte: „Ronaldo der Eroberer von Rom!" Auch sein Trainer, nicht gerade bekannt dafür, seinen Spielern Streicheleinheiten zu verpassen, lobte seinen Flügelflitzer in den höchsten Tönen: „Seine Schnelligkeit ist immens. Er ist mit dem Ball fast schneller als ohne. In der Vergangenheit hatten nur wenige Spieler solch eine Schnelligkeit mit dem Ball am Fuß." Ferguson verglich Ronaldo mit Maradona und der ManU-Legende George Best.

Am 19. März durfte Ronaldo in der Premier League erstmals die Kapitänsbinde für sein Team tragen – ein Beweis für das große Vertrauen, das Ferguson in den jungen Portugiesen setzte. Ronaldo revanchierte sich beim 2:0 gegen die Bolton Wanderers mit einem Doppelpack. Sein zweites Tor war ein historisches: Noch nie zuvor hatte ein Mittelfeldspieler bei Manchester United in einer Saison so viele Tore geschossen. Damit löste Ronaldo den bisherigen Rekordhalter, die ManU-Legende George Best, ab.

Zehn Tage später traf Ronaldo beim 4:0 über Aston Villa schon wieder zweimal, davon einmal frech per Hacke. Er hatte einen unglaublichen Lauf und erklärte in einem Interview: „Wenn mich jemand als den Besten der Welt bezeichnen würde, würde mich das nicht überraschen."

Ronaldos Team schien auf dem Weg zum Titel kaum noch zu stoppen. Doch im drittletzten Spiel der Saison fing sich Manchester eine 1:2-Heimpleite gegen Chelsea ein. Ferguson hatte Ronaldo 60 Minuten für das Champions-League-Spiel gegen Barcelona geschont und wurde prompt dafür bestraft. Die „Blues", die in den drei Monaten zuvor unter ihrem neuen Teammanager Avram Grant fast jedes Spiel gewonnen hatten, rückten Manchester auf die Pelle. In den zwei verbleibenden Partien durften sich die „Red Devils" keine Blöße mehr erlauben.

Am letzten Spieltag trat Ronaldos Team beim FC Wigan an. Für Wigan ging es um nichts mehr, und nach dem 4:0 im Hinspiel rechnete niemand damit, dass ManU noch stolpern könnte. Aber Wigan ließ sich vom Tabellenführer nicht vorführen, sondern bekämpfte den Gast auf einem ebenbürtigen Level. Torchancen war auf beiden

Seiten in der ersten Hälfte der ersten Halbzeit Mangelware, doch immerhin war Tempo in der Partie. Der Schiedsrichter war offensichtlich ManU-Fan. So blockte Rio Ferdinand einen Schuss mit dem Oberarm im Strafraum mit voller Absicht, doch Elfmeter gab es für Wigan nicht. Dafür auf der Gegenseite, nachdem Rooney von Boyce zu Fall gebracht worden sein soll. Cristiano Ronaldo war es egal und er schob den Ball sicher rechts unten in Ecke. Deutlich besser kamen die „Red Devils“ aus der Kabine. Scheinbar vom möglichen Titelgewinn beflügelt übernahm man das Spielgeschehen und bestimmte die zweite Hälfte. Zunächst hatte Ronaldo per Freistoß die Chance zum 2:0. Kurz darauf waren Tevez und auch Rooney genauso dicht dran, bis Ronaldo mit einem Kopfball knapp scheiterte. Nachdem Emile Heskey zwischenzeitlich fast den Ausgleich erzielt hatte, war es dann Giggs, der für die Entscheidung im Titelkampf sorgte. Nach einem schönen Zuspiel hatte der Flügelstürmer keine Probleme, den Ball im Tor von Kirkland unterzubringen. Ein befreiender Jubel ging durch die Reihen der „ManU“-Spieler, der Betreuer und der Fans. Mit der Sicherheit im Rücken spielte man die letzten Minuten locker herunter, bis der Schlusspfiff alle Jubelszenen einleitete.

FC Barcelona und Manchester United – das waren zwei Mannschaften, deren Namen ein hochklassiges Champions-League-Halbfinale versprachen. 95.000 Zuschauer im Camp Nou freuten sich auf ein Fußballfest und wurden über weite Strecken bitter enttäuscht. In einem an Höhepunkten armen Duell trennten sich Barça und Manchester 0:0. Der englische Meister bot eine miserable Vorstellung und Ronaldo setzte mit einem verschossenen Elfer dem Ganzen die Krone auf. Jagt er seine Elfmeter sonst mit so viel Wucht in eine der unteren Ecken, dass der Torwart, selbst wenn er die Richtung ahnt, nicht hinkommt, versuchte er es im Camp Nou mit einer besonders lässigen, aber riskanten Variante, dem Schlenzer ins obere Eck. Es ging daneben. Dann werde ich halt im Rückspiel in Manchester treffen, erklärte er nach Spielende selbstbewusst.

Von wegen! Matchwinner wurde Paul Scholes. In der 14. Minute zirkelte der Routinier den Ball aus 25 Metern Entfernung sehenswert in den Winkel und ließ Barcelonas Schlussmann Victor Valdes keine Abwehrchance. Manchester stand wieder einmal im Finale.

Das Champions-League-Finale bestritten in diesem Jahr im Moskauer Luschniki-Stadion mit Manchester und Chelsea die beiden besten englischen Clubs. 20.000 Chelsea-Fans hatten sich auf den Weg nach Russland gemacht, in die Heimat des Klubbesitzers Roman Abramowitsch. In der ersten Halbzeit brachte Cristiano Ronaldo ManU in der 21. Spielminute in Führung. Er war wieder ManUs Bester, und seine Mannschaft drohte Chelsea zu überrollen. Doch dank Michael Ballack, Frank Lampard, John Terry und Torwart Edwin van der Sar rappelten sich die „Blues“ wieder auf. Lampard gelang der Ausgleich für Chelsea. Das Spiel musste im Elfmeterschießen entschieden werden. Und zunächst verlief es für britische Verhältnisse ungewohnt reibungslos. Bis Ronaldo an die Reihe kam. Er verzögerte den Anlauf zum Elfer, um Chelseas Keeper Cech zu verladen. Doch der blieb auf der Linie kleben und parierte Ronaldos kraftlosen Schuss locker. Der Fehlschuss des englischen Torschützenkönigs hätte das bittere Ende einer großen Saison bedeuten können. Jetzt war John Terry an der Reihe. Würde er treffen, wäre das Spiel entschieden. Der Innenverteidiger galt als das Herz und das Hirn von Chelsea. Seine Teamkollegen fassten sich schon mit erwartungsfreudigem Gesichtsausdruck an den Händen. Doch diesmal scheiterte der für seine Nervenstärke berühmte Profi. Der Moskauer Regen hatte den Rasen im Strafraum aufgeweicht, sodass Terry beim Schuss ausrutschte. Sein Schuss verfehlte das Ziel. Terry bereicherte die kuriose Elfmetergeschichte Englands damit um ein weiteres Highlight. Stattdessen wurde ManU-Torwart Edwin van der Sar zum Helden des Spiels. Er hechtete seinen Klub zum ersten Champions-League-Finaltriumph seit 1999. Der Niederländer parierte den entscheidenden Strafstoß von Nicolas Anelka und sorgte für den 6:5-Endstand.

Bei Spielern und Fans gab es nach dem Sieg kein Halten mehr. Freude pur darüber, es dem englischen Liga-Rivalen Chelsea gezeigt zu haben. Ausgestreckt lag Ronaldo auf dem Rasen und heulte wie ein kleiner Junge, während seine jubelnden Teamkollegen Torwart-Held Edwin van der Sar unter sich begruben. Ronaldo hielt zum ersten Mal den europäischen Vereinspokal in den Händen. Wenig später kürte ihn die UEFA zum besten Spieler der zurückliegenden Champions-League-Saison.

In der ganzen Saison hatte Ronaldo in 49 Spielen sagenhafte 42 Mal ins Tor getroffen. Wie schon in der Saison zuvor wurde er verdientermaßen zu Englands Fußballer des Jahres gewählt – von den Fans, den Journalisten und den Spielerkollegen. Mit 31 Toren in 34 Premier-League-Spielen gewann er 2007/08 zudem den Goldenen Schuh als bester Torjäger Europas – und das als Mittelfeldspieler. Torschützenkönig in der Premier League war er ohnehin. Franz Beckenbauer, der Kaiser, sagte über Ronaldo jenen Satz, den am liebsten jeder Fußballer über sich hören würde: „Er ist momentan der beste Spieler der Welt."

Der beste Fußballer der Insel lebte standesgemäß. Fünf Schlafzimmer, Riesenpool, Kinosaal und ein hauseigener Wellnessbereich inklusive Fitnesscenter: Während seiner Zeit bei Manchester United residierte Cristiano Ronaldo in einer zweistöckigen Luxusvilla, die er nach seinen Wünschen umbauen ließ. Schlappe 4,6 Millionen Euro kostete das. Auch für seinen Fuhrpark galt: je teurer und protziger, desto besser. Zehn Wagen im Gesamtwert von 1,5 Millionen Euro besaß der Kicker: darunter „Porsche" und ein „Bentley Continental GT Speed"-Cabrio für 240.000 Euro. Im August 2008 kaufte er sich einen Rolls Royce. Kostenpunkt: 440.300 Euro.

Bei ManU verdient Ronaldo damals 186 000 Euro – pro Woche. Dieser Luxus war die eine Sache. Dahinter steckte aber auch harte Arbeit. Der 24-Jährige gilt nämlich als Arbeitstier: Bei ManU sei er stets als Erster zum Training erschienen und habe den Platz als Letzter verlassen, heißt es.

Erfolge mit der Nationalelf

Mit seinen 23 Jahren hatte Cristiano Ronaldo es schon auf über fünfzig Länderspiele und zum Kapitän der Nationalelf gebracht. Der nächste Höhepunkt sollte die Europameisterschaft in Österreich und der Schweiz werden. Ronaldo hatte in der Qualifikation insgesamt acht Treffer für seine Mannschaft erzielt. Diesmal war man freilich nicht ungeschlagen geblieben, denn in Polen hatte man 1:2 verloren. Ronaldo und Co. gelang kein einziger Sieg gegen die direkten Rivalen, am Ende reichte ein torloses Remis gegen Finnland in Porto. In der neuen Garde gab es nach dem Abtritt der „goldenen Generation" um Figo zu viele Individualisten, der Teamgeist fehlte dagegen noch.

Die Portugiesen waren trotzdem Geheimfavoriten auf den EM-Titel. In ihrem Auftaktspiel bewiesen sie gegen die Türken Kombinationsstärke und Treffsicherheit. Es war ein Spiel, das eine gewisse Zeit brauchte, um sich aus den taktischen Fesseln zu lösen. Die individuelle Klasse der Spieler blitzte anfangs selten auf. Das galt zunächst auch für Cristiano Ronaldo, der das erste Mal nach rund fünf Minuten auf das Tor der Türken schoss. Der Ball flog hoch und weit am eigentlichen Ziel vorbei. Ronaldos zweiter ernsthafter Versuch brachte weitaus mehr Gefahr. Einen Freistoß von ihm lenkte der türkische Torwart Volkan Demirel mit den Fingerspitzen seiner linken Hand gerade noch an den Pfosten. Wenig später nutzten die Portugiesen eine kleine Lücke in der türkischen Abwehr zur Führung. Pepe, Abwehrspieler von Real Madrid, spielte mit Nuno Gomes einen Doppelpass und schoss das 1:0. In der Schlussminute schoss der eingewechselte Raul Meireles nach einem sehenswerten herausgespielten Angriff das verdiente 2:0.

Seine Klasse konnte Ronaldo erst im nächsten Spiel gegen die Tschechen beweisen. Die Portugiesen begannen furios. Schon nach der ersten guten Aktion ihres Stars fiel das 1:0: Nach einem Doppelpass mit Nuno Gomes schien Ronaldo zunächst am tschechischen Torwart Petr Cech zu scheitern, doch dessen Abwehr landete bei Deco. Der schob ihn dann im zweiten Anlauf über die Linie. Nach ihrem frühen Tor fehlten den Portugiesen allerdings lange die guten Ideen in ihren Aktionen. Tschechien wurde stärker. Nach einer Ecke sprang Libor Sionko dem Ball entgegen und köpfte ihn aus kurzer Entfernung mit aller Wucht mitten ins Tor. Portugals Torwart Ricardo war machtlos. Danach wurde das Spiel ein wenig unansehnlicher und ruppiger, bis weit in die zweite Halbzeit hinein passierte wenig. Die Portugiesen waren zwar überlegen, fanden aber gegen die tschechische Defensive lange kein Mittel. Dann aber brachte eine schnell ausgeführte Aktion doch die Entscheidung zugunsten des Favoriten. Von rechts außen spielte Deco einen genauen Pass auf den überragenden Cristiano Ronaldo, der zog in den Strafraum laufend ab und Cech war zum zweiten Mal geschlagen. In der Nachspielzeit erzielte der eingewechselte Ricardo Quaresma sogar noch das 3:1 für Portugal. Die Portugiesen hatten damit vorzeitig das Viertelfinale erreicht und den Gruppensieg frühzeitig klargemacht.

Obwohl die Tschechen Ronaldo lange Zeit sehr gut abschirmten, war der Spieler von Manchester United in den entscheidenden Momenten zur Stelle und machte am Ende den Unterschied aus. An allen drei Toren war er beteiligt. Verdient wurde Ronaldo in das „Team der Vorrunde" gewählt. „Ich will Europameister werden", verkündete er selbstbewusst.

Im Viertelfinale gegen Deutschland war für Ronaldos Team allerdings Schluss. Die deutsche Defensivabteilung erkannte, dass man Ronaldo zwar nicht aus dem Spiel nehmen, aber doch daran hindern konnte, das Spiel zu seinem Spiel zu machen. Voraussetzung dafür war es, vor Ronaldo an den Ball zu kommen, zumindest aber ihn bei der Ballannahme zu behindern. Doch dieses Spiel war auch riskant, weil Störaktionen im Grenzbereich zum Foulspiel liegen. Hatte Ronaldo den Ball aber erst einmal unter Kontrolle, dann war es schwer, beide voneinander zu trennen. Man musste also das Risiko eingehen.

Das deutsche Trainerteam um Jogi Löw wagte eine taktische Systemumstellung. Aus dem bislang praktizierten 4-4-2 wurde ein 4-5-1. Also ein Spieler mehr im Mittelfeld. Vor allem war es Arne Friedrich, der dicht an Cristiano Ronaldo wachte und ihn abkochte. Nach zwanzig Minuten drehte der Berliner das Spielchen sogar einmal um. Er drängte nach vorn, und Ronaldo musste ihm folgen, was er bekanntlich gar nicht mag. Mit fortlaufender Zeit und der 2:0-Führung im Rücken wurde die deutsche Abwehr etwas nachlässiger. Fünf Minuten vor der Pause konnte Ronaldo erstmals seine Schnelligkeit ausspielen, als er einen weiten Pass ungebremst aufnehmen und am schlecht stehenden Mertesacker vorbei in den Strafraum ziehen konnte. Seinen Schuss konnte Jens Lehmann noch abwehren, Nuno Gomes aber nutzte den Nachschuss zum 1:2. Kurz darauf hatte Ronaldo, der sich immer öfter seinem Personenschutz entziehen konnte, sogar noch die Chance zum Ausgleich. Sein Schuss aber strich am langen Pfosten vorbei.

Gleich zu Beginn der zweiten Halbzeit wurde Ronaldo mit einem Foul von Arne Friedrich begrüßt. Danach wechselte der Portugiese wieder einmal die Flanken. Die Portugiesen wollten das deutsche Tor unter Dauerbeschuss nahmen. Dass die Stärke der Südeuropäer das variable Offensivspiel mit ständig wechselnden Angriffsformationen ist, wussten die Deutschen freilich, sodass sie sich einigermaßen gut darauf einstellen konnten. Allerdings konnten sie selbst nicht so viel eigenen offensiven Druck aufbauen, dass die Portugiesen zum Rückwärtsgang gezwungen waren. Erst ein Freistoß von Michael Ballack brachte dann mit dem 3:1 die Entscheidung.

Spanien, nicht Ronaldos Portugal, wurde Fußball-Europameister 2008

Es gab keine Küsschen mehr für die portugiesischen Reporterinnen von Ronaldo wie noch nach jedem Vorrundenspiel. Der wohl beste Fußballer der Welt verließ das Stadion in Basel nach dem Aus im Viertelfinale mit einer neuen Nüchternheit. „Ich spüre eine große Desillusion“, sagte er, „und danke allen für die Unterstützung.“ Er war nun der EM-Star, der keiner wurde.

Ronaldo hat eine ordentliche EM gespielt. Er schenkte dem Turnier genügend Momente, in denen seine Einzigartigkeit für jeden zu erkennen war. Es war allerdings für Experten schon vor der EM wahrscheinlicher gewesen, dass etwa Spaniens medial missachteter Spielmacher Xavi der Star des Turniers würde. Weil Xavi in einer Elf spielte, die etwas besser organisiert und mit weniger Wundstellen versehen war als Portugal.

Nach dem Spiel richtete sich Ronaldos Blick in die Zukunft. Er ließ sich überreden, doch noch zu sprechen. So klar wie nie sagte er, dass er von Manchester United zu Real Madrid wechseln möchte: „Die Entscheidung habe ich schon länger getroffen. Es ist mein Traum. Ich wollte nur nicht darüber sprechen, weil wir mitten im Wettkampf steckten. Ich weiß allerdings nicht, ob es klappt, denn es entscheiden ja mehr Leute als nur ich."

Der Millionen-Deal – Ronaldos Weggang zu Real Madrid

Im Sommer 2008 setzte ein Ringen zwischen ManU und Real Madrid um Ronaldo ein. Nach der 2:3- Niederlage der Portugiesen im EM-Viertelfinale gegen Deutschland hatte Ronaldo von seinem „Traum" gesprochen, für Real spielen zu wollen. Zuvor hatte Manchester gegen Reals Abwerbeversuche bereits Beschwerde beim Fußball-Weltverband FIFA eingereicht. Vorerst konnten sich die Engländer gegen Real durchsetzen. Aber der Wunsch Ronaldos, näher zur Heimat und in einem anderen Klima zu spielen, konnte nicht auf Dauer ignoriert werden. Obwohl sein Vertrag bis 2012 lief. Letztlich war alles nur eine Frage des Geldes.

Aber noch war ein Wechsel nach Spanien Zukunftsmusik. Erst einmal wurde Ronaldo durch eine Fußgelenksoperation gestoppt. Sein Saisondebüt konnte er deshalb erst am 17. September gegen Villareal (trainiert von seinem heutigen Trainer Pellegrini) geben. Sechs Tage später erzielte er im Pokal gegen Middlesbrough seinen ersten Saisontreffer. Nun wurde er auch in der Premier League dringend gebraucht. ManU war in den ersten vier Ligaspielen nur ein Erfolg gelungen. Gegen die Bolton Wanderers brachte Ronaldo die „Red Devils“ in die Erfolgsspur zurück. Sein Tor vom Elfmeterpunkt bedeutete das 1:0, und wenige Minuten später legte er auf Rooney ab, der das 2:0 für Manchester markierte. Die Mannschaft war in der Premier League wieder auf Kurs. Beim 5:0 gegen Stoke City erzielte Ronaldo Treffer 100 und 101 für Manchester. Damit hatte der Portugiese gegen jeden zum damaligen Zeitpunkt in der Premier League spielenden Verein getroffen.

Im September 2008 wurde Cristiano Ronaldo von Sportjournalisten aus aller Welt mit dem „Ballon d'or“ als Europas bester Fußballer der vergangenen Saison ausgezeichnet. Mit 446 Punkten setzte er sich klar gegen Lionel Messi vom FC Barcelona durch (281 Punkte). Vorjahresgewinner Kaká kam nur auf den achten Platz. Im Januar 2009 folgte der nächste Triumph: Ronaldo wurde von den Trainern und Captains aller 208 Nationalmannschaften zum besten Fußballer der Welt erkoren. Er setzte sich gegen die beiden spanischen Europameister Xavi Hernandez (FC Barcelona) und Fernando Torres (Liverpool) sowie Olympiasieger Lionel Messi (FC Barcelona) und Kaka (AC Milan), dem Sieger von 2007, durch. Nach Luis Figo (2001) war Ronaldo erst der zweite Portugiese, aber auch der erste Spieler der englischen Premier League, dem diese Ehre zuteilwurde.

Mit den „Red Devils“ gewann der Portugiese nicht nur die englische Premier League, sondern auch die Champions League sowie kurz vor Weihnachten die Klub-WM in Yokohama. Mit insgesamt 42 Toren hatte Ronaldo maßgeblichen Anteil an den Triumphen von ManU.

Die Auszeichnungen galten dem vergangenen Jahr. Jetzt im Winter 2009 wurde Ronaldos Motivation zunehmend in Frage gestellt. Und wieder gab es Gerüchte über einen möglichen Wechsel Ronaldos nach Madrid. Im Winter polterte Coach Ferguson gar, er werde „diesem Mob“ aus Madrid „nicht einmal einen Virus verkaufen“. Hinzu kamen private Negativschlagzeilen. Im Januar 2009 zerlegte er seinen Ferrari. Auf dem Weg zum Training war er gegen eine Tunnelwand gekracht – Totalschaden. Die Frontpartie des Autos war nur noch ein zerfetztes Loch.

Ronaldo brauchte bis zum Champions-League-Achtelfinale, um sein erstes Saisontor in der Meisterklasse zu schießen. Was für ein Unterschied zum Vorjahr! Gegen Inter Mailand gab es ein Wiedersehen mit Fergusons und vielleicht auch Ronaldos Erzfeind Jose Mourinho, der nach seinem Rauswurf bei Chelsea nun die Mailänder trainierte. Vollmundig forderte Mourinho im Vorfeld den ManU-Coach heraus: „Er hat zwei Champions Leagues gewonnen, ich eine. Dann fällt mir ein, dass er fast 70 ist und ich 46. In seinem Alter werde ich mit Sicherheit noch eine weitere gewonnen haben.“

Im Hinspiel in Mailand gab es am Ende ein leistungsgerechtes 0:0, wobei sich ManU über viele ausgelassene Chancen ärgerte. Die „Red Devils“ drängten Inter in der temporeichen Anfangsphase in die eigene Hälfte und hatten die ersten Torchancen. Einen Kopfball des in dieser Phase kaum zu stoppenden Ronaldo nach einem Eckball konnte Julio Cesar jedoch mit einer Glanzparade vereiteln (6.). Kurz darauf zischte ein Freistoß des Portugiesen nur knapp am Inter-Tor vorbei (8.). Julio Cesar entschärfte in der letzten Sekunde noch einen weiteren Ronaldo-Freistoß.

Im Rückspiel erteilte Manchester den Italienern eine Lektion in Sachen Effizienz. Jeweils in der vierten Minute der ersten und der zweiten Halbzeit versenkte die Elf um Ronaldo den Ball im gegnerischen Kasten und sorgte dafür, dass beim Gegner schon früh die Luft draußen war. Und natürlich war er wieder der spielentscheidende Joker, der just zu Beginn der Partie für den Eckball sorgte, den Vidic mit dem Kopf in ein Tor verwandelte. Und Ronaldo selbst war es wieder, der zu Anfang der zweiten Halbzeit selbst mit dem Kopf zum 2:0 aufstockte. Darüber hinaus war der Stürmer quirlig, und bis zum Ende engagiert dabei. Selbst für einen konsequenten Defensiveinsatz war sich der Weltfußballer in Inters Sturm- und Drangphase nicht zu schade. Vielmehr verpasste er kurz vor Schluss per Strafstoß nur knapp noch den dritten Treffer für seine Jungs. Inter-Coach Mourinho verschlug es die Sprache.

Im April gelang gegen den FC Porto der Einzug ins Champions-League-Halbfinale. Mit einem Fernschuss-Tor aus dreißig Metern Entfernung hatte Ronaldo hieran keinen geringen Anteil. Er visierte den Ball, schwang das rechte Bein nach hinten und traf das Spielgerät schließlich perfekt. „Das war mein bisher schönstes Tor „, jubelte Ronaldo später. Er freue sich schon auf die DVD vom Spiel.

Im Champions-League-Halbfinale waren drei englische Mannschaften vertreten. Ausdruck vor allem der finanziellen Überlegenheit englischer Klubs. Freilich hatte Ronaldos Arbeitgeber ManU zu diesem Zeitpunkt etwa 750 Millionen Euro Schulden. ManU traf auf Arsenal London. Vor heimischem Publikum legten die „Red Devils“ los wie die Feuerwehr. Wayne Rooney (2.) per Kopf und Carlos Tevez (16.) mit einem Schuss aus Nahdistanz zwangen Gäste-Schlussmann Manuel Almunia in der Anfangs-Viertelstunde schon zu zwei Glanzparaden. Bei der dritten Einschussmöglichkeit für das klar tonangebende United-Team war der Spanier aber machtlos, nämlich als der aufgerückte irische Verteidiger O' Shea nach einer abgefälschten Hereingabe von Michael Carrick sein erstes Saisontor erzielte. Es sollte der einzige Treffer des Spiels bleiben.

Im Rückspiel gegen Arsenal brillierte Ronaldo nicht nur mit einer Vorbereitung (nach einer Hereingabe von Ronaldo rutschte Arsenal-Verteidiger Kieran Gibbs aus und der Südkoreaner Park bedankte sich und traf in der achten Spielminute zur Führung der Gäste), sondern schoss auch zwei Tore selber. Geradezu amateurhaft ließ Arsenal-Keeper Manuel Almunia, der Jens Lehmann zwischen den Pfosten verdrängt hatte, einen Freistoß von Ronaldo aus rund 30 Metern passieren. Der Portugiese war es auch, der das 3:0 nach einem perfekten Konter auf Zuspiel von Rooney markierte. Arsenal war nur noch ein Schatten seiner selbst. Das 1:3 durch den Foulelfmeter von Robin van Persie (76.) war nur Ergebniskosmetik für die gedemütigten „Gunners“.

Wie im Vorjahr stand Manchester United im Champions-League-Finale. Die Mannschaft hatte vorher noch nie ein Europacup-Finale verloren. Und Rom als Austragungsort war eigentlich ein gutes Pflaster nach den Siegen beim AS Rom. Doch diesmal gab es kein Happy End.

Ein zweiter Champions-League-Erfolg mit ManU wäre der krönende Abschluss für Cristiano Ronaldo gewesen. Am 27. Mai traf seine Mannschaft in Rom auf den FC Barcelona. Es werde ein Klassiker, hatte Alex Ferguson schon vor dem Anpfiff prophezeit, und die Italiener hatten die Begegnung sogar in „Finalissima“ umgetauft, die höchste Steigerung eines Finales.

Das große Finale war auch ein Duell zweier Superstars: Cristiano Ronaldo gegen Lionel Messi. Schon vor Spielbeginn war Ronaldo die Freude auf dieses Finale anzusehen. Als die Mannschaften auf dem Feld Aufstellung genommen hatten, schnalzte seine Zunge immer wieder gegen seine Oberlippe. Der Portugiese steckte voller Energie.

Nach nur 87 Sekunden eröffnete Ronaldo mit einem von Barcelonas Keeper Victor Valdez nur mit Mühe gehaltenen Freistoßkracher den Zweikampf. Kurz darauf versuchte sich der Portugiese vor den Augen von Spaniens König Juan Carlos und dem englischen Prinzen William zweimal mit gefährlichen Schüssen, die das Tor nur knapp verfehlten. Doch nach den ersten zehn Minuten war sein Pulver verschossen. Während bei Manchester alle Gefahr allein und ausschließlich von Cristiano Ronaldo ausging, hatten die Spanier noch ein paar andere außergewöhnliche Offensivkräfte: Andres Iniesta zum Beispiel, der so klug und präzise spielt wie kaum ein Zweiter auf der Welt. Mit einem einzigen Pass verschaffte er seinem Kollegen Samuel Eto'o den entscheidenden Vorteil vor Manchesters Verteidigern: Mit einem Schuss ins kurze Eck brachte Barcelonas Stürmer aus Kamerun seine Mannschaft 1:0 in Führung. Dieses Tor traf ManU schwer. Die Mannschaft verlor ihre Linie, die Spieler wirkten nervös und fahrig. Es war Messi, der schließlich das entscheidende 2:0 erzielte und mit seinem Team Champions-League-Gewinner wurde. Der kleinste Spieler auf dem Platz traf ausgerechnet mit dem Kopf und ließ dabei seinen 20 Zentimeter größeren Gegenspieler Rio Ferdinand winzig aussehen. Eine besondere Demütigung für den Pokalverteidiger.

Das erwartete Duell der Superstars Lionel Messi und Cristiano Ronaldo im Finale der Champions League war im Grunde ausgefallen. Wieder einmal konnte Ronaldo in einem Finale nicht das zeigen, was er wirklich draufhat. Die Katalanen schreiben mit ihrem Sieg im Finale in Rom Fußballgeschichte. Sie gewinnen als erster spanischer Klub in einer Saison die drei Trophäen des spanischen Meistertitels, des Landespokals und der Champions League. Der englische Meister zeigt nur zu Beginn des Spiels, zu was er fähig sein kann.

Kein geringer Trost war der Gewinn des dritten Premier League-Titels in Folge. Ende April wäre es beinahe wieder spannend geworden. Gegen die Tottenham Hotspurs lag man schon 0:2 zurück, bevor Manchester United die Partie mit fünf Treffern zwischen der 56. und 79. Minute drehte und schließlich 5:2 gewann. So verteidigte man die Tabellenspitze vor dem FC Liverpool. Cristiano Ronaldo und Wayne Rooney erzielten je zwei Tore.

Doch alles in allem konnte Ronaldo die glänzende Vorsaison nicht toppen. Mit 18 Premier-League-Treffern und nur vier Toren in der Champions-League blieb er deutlich hinter seinem Vorjahresrekord zurück. Bester Torschütze wurde ein anderer: Nicolas Anelka. Insgesamt erzielte Ronaldo nur 26 Pflichtspieltore – 16 weniger als in der Saison zuvor. Auch in der Champions-League wurde er überholt – vom noch jüngeren Lionel Messi. Zeit für neue Herausforderungen?

Cristiano Ronaldo war in Großbritannien zu dem geworden, was er ist. Der Portugiese gewann mit Manchester dreimal die englische Meisterschaft und einmal die Champions League. Nach all den Erfolgen war die Suche nach einer neuen Herausforderung nur natürlich.

Vielleicht hoffte Ronaldo auch auf mehr Liebe von den Fans. Millionen von Fußballfreunden, kleine Mädchen und noch kleinere Jungs, liegen dem 23-Jährigen weltweit zu Füßen, in seiner Wahlheimat England aber verweigern ihm die Massen nach fünfeinhalb Spielzeiten immer noch standhaft die Sympathie. Wenn Ronaldo hier den Ball liebkoste, war der Hass nicht weit. Zu selbstsüchtig, zu unbescheiden war der Portugiese für ihren Geschmack, zu südländisch, zu unbehaart an Beinen und Oberkörper. Und vor allem: viel zu „flash“, zu protzig mit seinem Reichtum. Aus der Premier League, der Blut-Schweiß-und-Tränen-Liga der ehrlich kämpfenden Kollektive, wurde eine Cristiano-Ronaldo-Liga. Die englische Liga ist ein vom Eigentümer bis zum Zeugwart globalisierter Unterhaltungswettbewerb, in dem fremde, gerissene Trickser mit körperlosem Spiel die wenigen noch verbliebenen Einheimischen lächerlich machen.

„You should have died in the tunnel“ - du hättest im Tunnel sterben sollen, sangen die mitgereisten Chelsea-Anhänger im „Old Trafford“, als ihre Mannschaft in der zweiten Hälfte kapitulierte und mit 0:3 unterging. Das ging über die in Stadien üblichen Schmähungen weit hinaus. Den heimischen Fans fiel auf die Schnelle keine robuste Antwort ein. Ihr Verhältnis zum mit 42 Toren überragenden Spieler der vergangenen Saison hat sich merklich abgekühlt, seit der Junge von der Blumeninsel Madeira nach der Europameisterschaft einen Wechsel zu Real Madrid forcierte. Das beliebte „Viva Ronaldo!“-Liedchen hat auf den Tribünen „Viva John Terry!“ Platz gemacht; United-Fans lassen den Chelsea-Kapitän für seinen Elfmeterfehlschuss im Champions-League-Finale von Moskau hochleben.

Für Real Madrid, die „Königlichen“, war der Triumph des Erzrivalen Barcelona in der Saison 2008/2009 eine besondere Schmach. Vor allem hatte der FC Barcelona die Welt mit seinem Spiel verzaubert. Real musste handeln.

Dann reichte ein fünfzehnminütiges Telefonat. Real-Boss Pérez rief den Generaldirektor von ManU, Gill, an: Das Geld sei da. Gill wählte die Nummer des Frankreich-Urlaubers Ferguson, und der Deal war durch. Kein Poker mehr, kein Zeitspiel, keine Tricks über die Medien – so rasch und reibungslos, wie der Vollzug kam, wirkte er wie eine Kapitulation.

ManU durfte sich mit einer Menge Geld trösten. Eine Rendite von 555 Prozent in sechs Jahren hätte mancher Anleger gerne eingesackt. Und doch war der Verkauf von Cristiano Ronaldo, einst 12,2 Millionen, nun 80 Millionen Pfund teuer, „ein vernichtender Schlag" für Manchester United – so sah es jedenfalls der englische „Guardian".

Das ist ohne Zweifel ein großer Verlust für uns, beklagte sich ManU-Coach Ferguson noch Wochen später. Es werde nichts mehr so sein wie mit Cristiano. Er sei nun mal der beste Spieler der Welt – mit Meilen weitem Vorsprung. Weder Messi noch Kaká oder irgendein anderer Spieler könnten ihm das Wasser reichen. Da müsse man sich doch nur seien Fähigkeiten anschauen: Seine Schüsse, Standards, er attackiere schon im gegnerischen Strafraum, sein Spielverständnis, seine Kopfballstärke. Er sei ein unglaublicher Spieler. Ferguson meinte auch, dass der Portugiese noch lange nicht sein ganzes Vermögen ausgeschöpft habe und sich bei Real Madrid noch weiter steigern werde. „Er ist erst 24 Jahre alt. Seine beste Zeit kommt erst noch. Ich bin sehr stolz, dass wir ein Teil seiner Karriere sind. Er kam vor sechs Jahren genau zur richtigen Zeit zum richtigen Verein. Vielleicht kommt er ja eines Tages zu uns zurück – wer weiß das schon. Er hat den Verein geliebt, in den sechs Jahren nicht einmal beim Training gefehlt. Das stellt ihn weit über andere Spieler – er war auch nie verletzt, konnte immer spielen." Das war freilich eine Übertreibung.

Der Weggang von Cristiano Ronaldo stellt vielleicht auch für den englischen Fußball insgesamt eine Wende dar. Die englische Vormacht ist bedroht. Noch ist die Premier League international bei den Fußballfans am gefragtesten – vor der spanischen Primera Liga. Was aber, wenn die ausländischen Stars künftig einen großen Bogen um die britische Insel machen? „Die Premier League ist ein sehr guter Wettbewerb, aber meiner Meinung nach hat die spanische Liga ein wenig mehr Qualität durch die neuen Spieler", sagt Cristiano Ronaldo selbst.

Real Madrid hat Manchester United auch ohne den Ronaldo-Deal längst den Rang abgelaufen. Wenn es ums Geld geht. Weniger sportlich. Da hat Real in den letzten Jahren eine Durststrecke erlebt. Seit fünf Jahren war Madrid nicht mehr unter den besten acht der Champions League. Es fehlte eine sportliche Führung, der Verein hatte kein Gesicht. Nun will Real-Boss Florentino Pérez eine zweite Ära der „Galaktischen" einläuten. „Mit Cristiano Ronaldo ist einer jener auserwählten Fußballer zu Real Madrid gekommen, der die Fans in aller Welt zu begeistern vermag", sagte Pérez.

Im Sommer 2009 machte Ronaldo aber erst einmal mit seinem Privatleben Schlagzeilen. Er war frisch getrennt von Nacktmodel Nereida Gallardo (angeblich machte er nach sieben Monaten per SMS Schluss; Gallardo machte für die Trennung die von Ronaldo vergötterte und reich beschenkte Mama verantwortlich). Gallardo schwor bei der Trennung, Ronaldo zu schaden, wo immer sie kann. Er sei sowieso nicht gut im Bett gewesen. Sein Haus sei voller Spiegel, vor denen er ständig herumtänzele, um sich selbst zu betrachten.

Das Nackt-Model erwähnte noch, Ronaldo habe sie schlechter als seinen Hund behandelt.

Der feurige Frauenliebling ließ es im Urlaub in Los Angeles so richtig krachen. Die Medien brachten ihn mit Hollywood-Sternchen und Millionenerbin Paris Hilton in Verbindung. Nicht mal 24 Stunden nach der Trennung von ihrer letzten „großen Liebe“ Doug Reinhardt hatte sich Paris offensichtlich schon das nächste Opfer ausgesucht. Der feierte im Club „My House“, als die Blondine ebenfalls dort eintraf. Ein Insider soll der britischen „Sun“ gesagt haben: „Als Ronaldo Paris sah, starrte er sie von oben bis unten an, ging zu ihrem Tisch und sagte: ‚Hi‘. Er schien von ihr total gefangen zu sein.“ Beide amüsierten sich in einer dunklen Sitzecke und wurden dabei auch fotografiert. Die Medien, die die Fotos kauften, pixelten Hiltons Intimbereich unterm kurzen schwarzen Kleid mal mehr, mal weniger akkurat. Nicht nur die Fotos gingen um die Welt, sondern auch die Rechnung: Champagner à 800 Dollar die Flasche sei geflossen, die Zeche habe sich jenseits der 20.000 Dollar bewegt.

Paris sei wirklich ein cooles Mädchen und in den vergangenen Wochen hätten sie sich prächtig amüsiert, stellte Ronaldo wenig später klar. Mit Beziehung habe das Ganze allerdings nichts zu tun, eher mit einem altersgerechten Treffen unter Freunden bei Cocktails in einem Club. Er glaube nicht, dass eine Beziehung über die große Distanz von Madrid nach L.A. funktionieren würde. Ronaldos Ex-Freundin Nereida Gallardo plauderte mit der englischen Zeitung *Daily Star* und sagte nach dem Treffen zwischen Ronaldo und Paris Hilton: „Es scheint, dass ihm alles egal ist. Paris war nur eine weitere Bettgeschichte für Cristiano. Er hatte 80000 Frauen, seit er mit mir Schluss gemacht hat. Er wird auch in Madrid so weitermachen. Real wird sich Sorgen um ihn machen müssen.“

Paris Hilton

Unwahrscheinlich also das Gerücht, dass Ronaldo an Paris heiße Liebesnachrichten via SMS geschickt und sie gebeten habe, zu ihm nach Madrid zu kommen, um die zarte Romanze weiter zu vertiefen. Paris hingegen sah die Sache ganz anders! Sie hatte wahrscheinlich schon die Hochzeitsglocken läuten gehört und fühlte sich von seiner distanzierten Haltung gekränkt. Sie twitterte wütend drauf los: „Cristiano Ronaldo ist ein Weichei!" Angeblich soll der Portugiese außerdem im nüchternen Zustand eher verklemmt sein. „Er legt viel zu viel Wert auf Aussehen und Mode. Ich mag Männer, die maskulin sind, nicht die, die öfter in den Spiegel gucken als ich."

Der Wechsel zu Real Madrid steigerte den Promi-Faktor von Cristiano Ronaldo noch einmal um ein Vielfaches. In den nächsten Jahren wird es um ihn einen ähnlichen Hype geben wie vorher um David Beckham. Nachteile inklusive. Bis zu drei Leibwächter beschützen ihn in der Öffentlichkeit – angeblich sogar beim Gang auf die Toilette. Da kann man auch mal ausrasten. So geschehen im Juli 2009, als er aus Wut auf einen Paparazzo mit so viel Wucht gegen dessen Auto trat, dass eine Scheibe zu Bruch ging und eine Unbeteiligte durch Glassplitter leicht verletzt wurde. Ronaldo entschuldigte sich für den Vorfall, rechtfertigte aber seinen Ausraster mit der tagelangen „Verfolgung", der er und seine Mutter María Dolores ausgesetzt waren. „Wenn ich allein bin, versuche ich, mich nicht aufzuregen. Aber wenn meine Mutter dabei ist, sorry, da lasse ich nicht zu, dass sie belästigt wird."

Bei Real sah man das Privatleben des neuen Superstars eher mit Sorgen. Zwar kommt dem Verein die Popularität Ronaldos auch finanziell sehr zugute, zum Beispiel über gesteigerte Trikotverkäufe. In den letzten Jahren stand der asiatische Markt im Fokus dieser Strategien. Hier konnte beispielsweise Real Madrid mit seinem

Spieler David Beckham, der in China und Japan extrem populär ist, Sympathiepunkte bei den asiatischen Fußballfans sammeln, was sich beim Verkauf von Merchandising-Produkten in barer Münze auszahlt. Fast die Hälfte seines Umsatzes erzielt Real Madrid mittlerweile mit Werbung, Sponsoring und dem Verkauf von Fanartikeln. Zehn Millionen Euro im Jahr sollen Ronaldo seine Werbeverträge einbringen. Von diesem Kuchen will sein Club, wie einst bei David Beckham, auch ein ordentliches Stück abhaben, denn Real gehört ein Teil von Ronaldos Image-Rechten. – Entscheidend ist aber immer noch die spielerische Brillanz. Club-Boss Florentino Pérez fürchtet daher Frauen-Geschichten und Affären seines Star-Kickers. Daher, so eine Zeitung, wünscht sich Perez, dass Ronaldo bald heiratet und Vater wird.

In seinen Urlaub nahm Ronaldo den Physiotherapeuten von Portugals Nationalelf mit, auf dass er ihn am Pool walke – seht her, ich pflege mich, war das Signal an seine Fans nach dem Hilton-Desaster.

Empfangen wurde Cristiano Ronaldo in Madrid wie ein Popstar. Als er mit einem Privatjet in der spanischen Hauptstadt eintraf, warteten schon zahlreiche Offizielle seines neuen Klubs Real Madrid, samt mehreren Leibwächtern und vier Limousinen, auf den teuersten Fußballer der Welt. Um einen Massenansturm der Fans zu vermeiden, landete der Portugiese nicht etwa auf dem Flughafen Barajas, sondern auf dem Militärstützpunkt Torrejón de Ardoz – wo sonst auch der spanische König Juan Carlos zu Flügen startet. Mit an Bord waren Ronaldos Mutter Maria Dolores, seine drei Geschwister, sein Manager und sein Koch. Im Eiltempo ging es dann in eine Privatklinik, wo sich der 94-Millionen-Euro-Einkauf der abschließenden medizinischen Prüfung unterzog. Mit einem Lächeln und dem Daumen nach oben signalisierte er danach: Alles okay. Die rund 100 Fans, die den Weg in die Klinik gefunden hatten, jubelten ihm zu. Vor dem Santiago-Bernabéu-Stadion, wo am späten Abend Ronaldos Vorstellung im Dress der „Königlichen“ anstand, hatten sich bereits lange Schlangen gebildet.

Um 19 Uhr unterschrieb Ronaldo im Beisein aller 15 Real-Vorstände in den Geschäftsräumen des Vereins seinen Sechsjahresvertrag, der ihm in den kommenden sechs Jahren etwa 13 Millionen Euro netto pro Saison bringen soll. Viel Steuern zahlen muss Ronaldo auch nicht: In Spanien wurde 2005 ein Gesetz erlassen, das Steuererleichterungen für qualifizierte Zuwanderer vorsieht. So braucht Ronaldo in den ersten fünf Jahren nur 23 Prozent an Steuern zu bezahlen.

Die Show am Abend war beispiellos für den Fußball. Sie übertraf sogar die Jubelfeier, mit der rund 75 000 Fans den Argentinier Diego Armando Maradona 1984 beim SSC Neapel begrüßt hatten. Rund 80 000 Fans jubelten dem 24-Jährigen zu, als er erstmals den Rasen der Arena betrat. Ronaldo liebt solche Auftritte auf großer Bühne: „Ich bin sehr glücklich, hier zu sein. Für mich ist ein Kindheitstraum wahr geworden“, sagte der Portugiese.

Der Funke zu den Fans sprang sofort über, als Ronaldo in kompletter Fußball-Kluft mit der Rückennummer 9 (der Trikotverkauf begann noch am gleichen Abend) den klassischen Real-Schlachtruf anzählte. „Eins, zwei, drei“, rief Ronaldo - „Hala Madrid“ (Vorwärts Madrid), schallte es aus 80 000 Kehlen zurück.

Einige Fans konnten sich vor Begeisterung kaum halten und versuchten, ihren neuen Superstar ganz nahe zu kommen. Die meisten wurden von Sicherheitsleuten eingefangen, doch vereinzelt gelang es auch Anhängern, bis auf die Bühne vorzudringen, bevor die Security sie wieder von Cristiano Ronaldo trennte. Der nahm es cool und mit Humor. Später drehte der Superstar eine Stadionrunde und küsste das Wappen seines neuen Clubs.

Ronaldo bekommt bei seinem neuen Club das Trikot mit der „9", das zuvor bereits Idole wie Reals derzeitiger Ehrenpräsident Alfredo di Stéfano getragen haben. Dieser war bei der Vorstellung ebenso anwesend wie der legendäre portugiesische Fußballer Eusebio.

Ronaldos Vertrag bei Real geht bis ins Jahr 2015. Es war aber nicht die ungewöhnlich lange Vertragsdauer, die das meiste Aufsehen erregte. Der größte Aufreger war die exorbitante Ablösesumme, die ihm Real in den Vertrag schreiben ließ. Plötzlich interessierten sich auch allerlei Politiker für Fußball und begannen über Moral und Anstand zu diskutieren, als ob sie dafür kompetent wären. Natürlich ist der Preis extrem hoch, aber Profifußball ist ein Millionengeschäft. Ein Spieler mit der Klasse eines Ronaldo kann darüber entscheiden, ob Real die Champions League gewinnt oder im Achtelfinale gegen den AC Mailand ausscheidet. Dann ist er sein Geld allemal wert. Man muss es nur nüchtern und von einem wirtschaftlichen Standpunkt zu verstehen versuchen.

Das weiß auch Real Madrid - und will deshalb von seinem Ausstatter Adidas laut Presseberichten mehr Geld. Die Spanier verlangen von dem deutschen Sportartikel-Hersteller eine Verdoppelung der bisherigen Sponsorenbeiträge von derzeit 30 auf künftig 60 Millionen Euro pro Saison, berichtete die Zeitung „El País". „Wir sind der beste Verein der Welt", soll der neue Real-Präsident Florentino Pérez seine Forderung in einem Telefonat mit dem Adidas-Vorstandschef begründet haben. Ziel der „Königlichen" soll es sein, die im Jahr 2004 geschlossene und noch bis 2012 laufende Sponsorenvereinbarung neu zu verhandeln. Dahinter verbirgt sich laut „El País" auch eine Drohung, zumal sich vor Jahren auch Konkurrent Nike um einen Vertrag mit den Madrilenen bemüht habe.

Real Madrid ließ zudem die Beine Ronaldos mit 100 Millionen Euro versichern. Kein Wunder, nachdem Ronaldo in den ersten drei Testspielen bereits 34 Mal gefoult worden war.

In seiner neuen Heimatstadt Madrid musste sich Ronaldo auf Wohnungssuche begeben. Seine Vorliebe war angeblich ein 500-Quadratmeter-Penthouse mit Pool. Preis egal! Hauptsache nah dran an den Clubs, Bars und VIP-Discos. Dort, wo die Groupies schon sehnsüchtig auf ihn warten. Vor allem will er sich nicht wie die Kollegen in einem Nobelvorort abschotten.

Die ersten Schritte im Real-Trikot

Schon vor Ronaldos Ankunft in Spanien hatten die Madrilenen ein Super-Team: Torhüter Casillas, Stürmer Raúl, van Nistelrooy, Sergio Ramos, Diarra, Guti – und nicht zuletzt der deutsche Abwehrrecke Christoph Metzelder. Neu hinzu kamen u.a. Kaká vom AC Mailand (65 Millionen Ablöse) und Benzema von Olympique Lyon (35 Millionen). Die Real Madrid nahestehende Sportzeitung „AS“ schrieb daraufhin von der „perfekten Gemeinschaft“ Cristiano Ronaldo/Karim Benzema - das neue Sturmduo „la sociedad perfecta“.

Mit der Verpflichtung des spanischen Nationalspielers Xabi Alonso vom FC Liverpool für eine Ablösesumme von 30 Mill. Euro hatte Real Madrid sein Super-team für die neue Saison komplett. Der Europameister Xabi Alonso war das Stück, das dem spanischen Rekordmeister im Puzzle seiner Superelf noch fehlte. Der 27-Jährige soll die Schlüsselfigur im defensiven Mittelfeld sein.

Die teuerste Einkaufstour in der Geschichte des Profi-Fußballs ist zu Ende. Clubchef Florentino Pérez gab auf dem Transfermarkt die Rekordsumme von 252 Mill. Euro aus. Die Verpflichtung von Franck Ribéry, der in Spanien als der beste Bundesliga-Profi gilt, scheiterte vorläufig. „Der FC Bayern München hat sich stur gestellt. Daher hat Real entschieden, eine andere Gelegenheit abzuwarten." Aber auch ohne Ribéry ist Real Madrid vor allem in der Offensive prächtig besetzt.

Real hat in den letzten fünf Jahren acht Trainer verschlissen. Der neue Trainer heißt Manuel Pellegrini, 56 Jahre alt und wahrlich kein Träumer. Der Chilene hatte vorher den FC Villareal zu nicht möglich gehaltenem Erfolg in Spanien und Europa geführt. Nun muss Pellegrini das richtige System für seine Kicker finden. Keine leichte Aufgabe, für die im Trainingslager in Irland die Grundlagen gelegt wurden. „Ich habe nie zuvor dreimal am Tag trainiert", gestand Ronaldo: „Aber es ist eine gute Sache, denn wir machen sowohl Übungen für die Physis, als auch mit dem Ball."

Während bei Manchester United der knorrige Alex Ferguson die schützende Hand über Cristiano Ronaldo gehalten hatte, steht der Portugiese nun auf eigenen Füßen. Von der Konkurrenz innerhalb der Mannschaft lässt sich Cristiano Ronaldo keine Angst einjagen. „Mein Ziel ist es, der beste Spieler der Vereinsgeschichte zu werden", erklärte er in seinem ersten Interview mit den spanischen Medien.

Bei der Premiere im Trikot des spanischen Rekordmeisters stand der 94-Millionen-Einkauf gegen die Shamrock Rovers eine Halbzeit auf dem Platz. Zu seinem Debüt gab es gegen den besten Klub Irlands einen 1:0-Sieg. Gegen die Iren zeigte der Weltfußballer das ein oder andere Kabinettstückchen, blieb aber ansonsten eher blass. Dennoch waren die knapp 4000 Zuschauer im Tallaght-Stadium aus dem Häuschen. Sie feierten den Superstar und seine Teamkollegen mit Sprechchören und Plakaten. Das spanische Fernsehen übertrug die Partie live. Das Tor des Tages erzielte Karim Benzema (21) in der 86. Minute. Das geriet bei der Ronaldo-Mania aber fast zur Nebensache.

Aller Anfang ist bekanntlich schwer. Auch bei seinem ersten Heimauftritt im Trikot von Real Madrid blieb der Portugiese hinter den hohen Erwartungen noch zurück. 65 Minuten war der teuerste Spieler der Welt beim 1:1 der „Königlichen" gegen den arabischen Klub Al Ittihad im Rahmen eines Turniers (Peace Cup) im Einsatz und brachte es gerade auf einen Torschuss. Er wurde in der zweiten Hälfte gegen den Niederländer Arjen Robben ausgewechselt, der wenig später zu Bayern München wechselte.

Das erste Tor für seinen neuen Verein erzielte Cristiano Ronaldo am 29. Juli 2009, als er mit dem 1:0 in der 48. Minute per Elfmeter den Grundstein zum 4:2 der „Königlichen“ gegen Liga de Quito aus Ecuador im Rahmen des Peace Cups legte. Ronaldo war zuvor im Strafraum gefoult worden.

Sein zweites Tor für Real konnte seine Mannschaft nicht vor einer Niederlage bewahren. Ronaldo verwandelte einen Strafstoß, aber Real verlor beim Peace-Cup gegen Juventus Turin mit 1:2. Zu leichtfertig gingen Ronaldo und seine Kollegen mit ihren Chancen um.

Welches Potenzial in der Mannschaft steckt, musste hingegen Borussia Dortmund bitter zur Kenntnis nehmen. Anlässlich des 100. Geburtstages der Borussia schenkten die Madrilenen den Deutschen vor 75.000 Zuschauern fünf Tore ein. Cristiano Ronaldo fiel allerdings nur durch sein provokantes Spiel auf, wegen dem er von den Dortmunder Zuschauern bei jedem Ballkontakt ausgepfiffen wurde.

Natürlich sind Freundschaftsspiele nicht der wahre Prüfstand für die Klasse einer Mannschaft. Die erste richtige Bewährungsprobe wartete in der spanischen Meisterschaft. Zum Auftakt in der spanischen Meisterschaft traf Real Madrid auf Deportivo La Coruña. Zwar führte Super-Sprinter Usain Bolt den Anstoß aus (Bolt hatte Cristiano Ronaldo schon zwei Jahre zuvor Tipps gegeben, wie er schneller laufen könne), aber trotzdem kam Real nur schwer in die Gänge. Es waren vor allem die Spieler aus der alten Garde, allen voran Raúl, die für den 3:2-Sieg sorgten.

Ronaldo ließ mehrfach sein Können aufblitzen und verwandelte in der 34. Minute einen Foul-Elfmeter. Sein erster Pflichtspieltor für Real! Ronaldo äußerte sich zufrieden über sein Debüt. «Wir werden langsam immer besser. Das Wichtigste ist, dass wir mit einem Sieg in die Saison gestartet sind», meinte der Weltfußballer des Jahres 2008. In der Abwehr der Madrilenen bildete vor allem Ezequiel Garay eine Schwachstelle, der für den zuletzt angeschlagenen Metzelder ins Team gekommen war. «Man hatte den Eindruck, Reals Abwehrspieler hätten sich erst eine halbe Stunde vor dem Anpfiff kennengelernt», schrieb das Sportblatt «Marca». Das Spiel zeigte, dass die brillanten Solisten noch keine Mannschaft bildeten. Hier wartet auf den Trainer eine gewaltige Aufgabe.

Die Umstellung fällt Ronaldo sichtlich schwer. In Manchester hatte er Fußball-Arbeiter wie Scholes, Fletcher und Corrick, die ihm den Rücken frei hielten. Dass er nicht mehr der egoistische Alleinkünstler früherer Tage ist, davon hat Cristiano Ronaldo aber auch seine Teamkollegen in Madrid schon nach wenigen Wochen überzeugt. Teamkollege Christian Metzelder, der frühere Dortmunder, erzählt: „Cristiano ist nicht nur ein großartiger Fußballer, sondern auch ein Spaßvogel." Mannschaftsintern sorge er immer wieder für einen Jux. Jetzt liegt es an Real-Trainer Pellegrini, aus der Mannschaft das Potenzial heraus zu kitzeln, das die Spieler als Einzelpersonen ohne jeden Zweifel haben.

Cristiano Ronaldos neue Heimat – das Santiago-Bernabéu-Stadion in Madrid

Auch in der portugiesischen Nationalmannschaft tat sich Ronaldo im Jahre 2009 schwer. Vielleicht lag dies am Abschied seines Ziehvaters Scolari im Jahr zuvor. Die Qualifikation zur Weltmeisterschaft 2010 in Südafrika war ernsthaft gefährdet. Und viele portugiesische Fans hatten Cristiano Ronaldo als Sündenbock auserkoren. Portugal liegt dem teuersten Fußballer der Welt nicht mehr bedingungslos zu Füßen, sondern beschimpft ihn als arrogant. Als er im August im Vorbereitungsspiel gegen Liechtenstein fehlte, weil er in Madrid eine Grippe auskurierte, unterstellten ihm die heimischen Medien und sogar der Präsident des portugiesischen Fußballverbandes, er habe zu wenig patriotisches Pflichtbewusstsein. Kein Wort mehr davon, dass Ronaldo kurz nach dem Tod seines Vaters für Portugal aufgelaufen war!

Vor dem wichtigen Spiel gegen Dänemark im September fragte man in Portugal sarkastisch, ob denn Ronaldos Gelfrisur dem Regen in Kopenhagen standhalten würde. Eigentlich eine Beleidigung, aber auch Ausdruck der tiefen Enttäuschung darüber, dass Ronaldo im Nationaldress bei weitem nicht so überzeugen konnte wie noch im ManU-Trikot. Gerade mal ein Treffer war ihm in der WM-Quali bisher gelungen. Und gegen Dänemark reichte es wieder nur zu einem 1:1, wobei nicht Ronaldo das Tor schoss, sondern der eingebürgerte Brasilianer Liedson, den viele gar nicht im Team haben wollten. „Ronaldo war abwesend“, behauptete eine portugiesische Zeitung. Er fiel vor allem dadurch auf, dass er sich mit den dänischen Fans anlegte und dafür mehrfach ausgebuht wurde.

Aber wer ist schuld, dass Ronaldos Fähigkeiten in der Nationalmannschaft nicht zum Tragen kommen? Damit ein Einzelspieler glänzen kann, braucht er das richtige Umfeld. Auch ein Lionel Messi konnte den Absturz der argentinischen Nationalmannschaft unter „Trainer“ Maradona nicht aufhalten.

Liste der Erfolge Cristiano Ronaldos

FA Cup-Sieger (2003/2004).
Zweiter Platz bei der Europameisterschaft 2004 in Portugal.
Carling Cup-Sieger (2005/2006).
WM-Teilnahme 2006 in Deutschland.
Englischer Meister (2006/2007).
Spieler des Jahres in England (2006/2007).
Fußballer des Jahres in Portugal (2006/2007).
Community Shield Sieger (2006/2007).
Englischer Meister (2007/2008).
Torschützenkönig der englischen Liga (31 Tore, 2007/2008).
Goldener Schuh in Europa (31 Tore, 2007/2008).
Spieler des Jahres in England (2007/2008).
Fußballer des Jahres in Europa (2007/2008).
Sieger der Champions League (2007/2008).
Torschützenkönig der Champions League (8 Tore, 2007/2008).
Klub-Weltmeister (2007/2008).
Englischer Meister (2008/2009).
Carling Cup-Sieger (2008/2009).